KB267115

[만든 사람들]
기획 ⋯ 실용기획부
진행 ⋯ 권현숙
집필 ⋯ 이재혁
편집 디자인 ⋯ 디자인크레타(www.designcreta.com)
표지 디자인 ⋯ 디자인크레타(www.designcreta.com)

[책 내용 문의]
도서의 내용에 대한 궁금한 사항이 있으시면,
디지털북스 홈페이지의 게시판을 통해서 해결하실 수 있습니다.
디지털북스 홈페이지 ⋯ www.digitalbooks.co.kr

[각종 문의]
영업 관련 ⋯ digital@digitalbooks.co.kr
기획 관련 ⋯ digital@digitalbooks.co.kr
전화 번호 ⋯ (02)447-3157~8

성공 어학연수 가이드

이 재 혁 지음

성공 어학연수 가이드

미국 맞짱뜨기!!

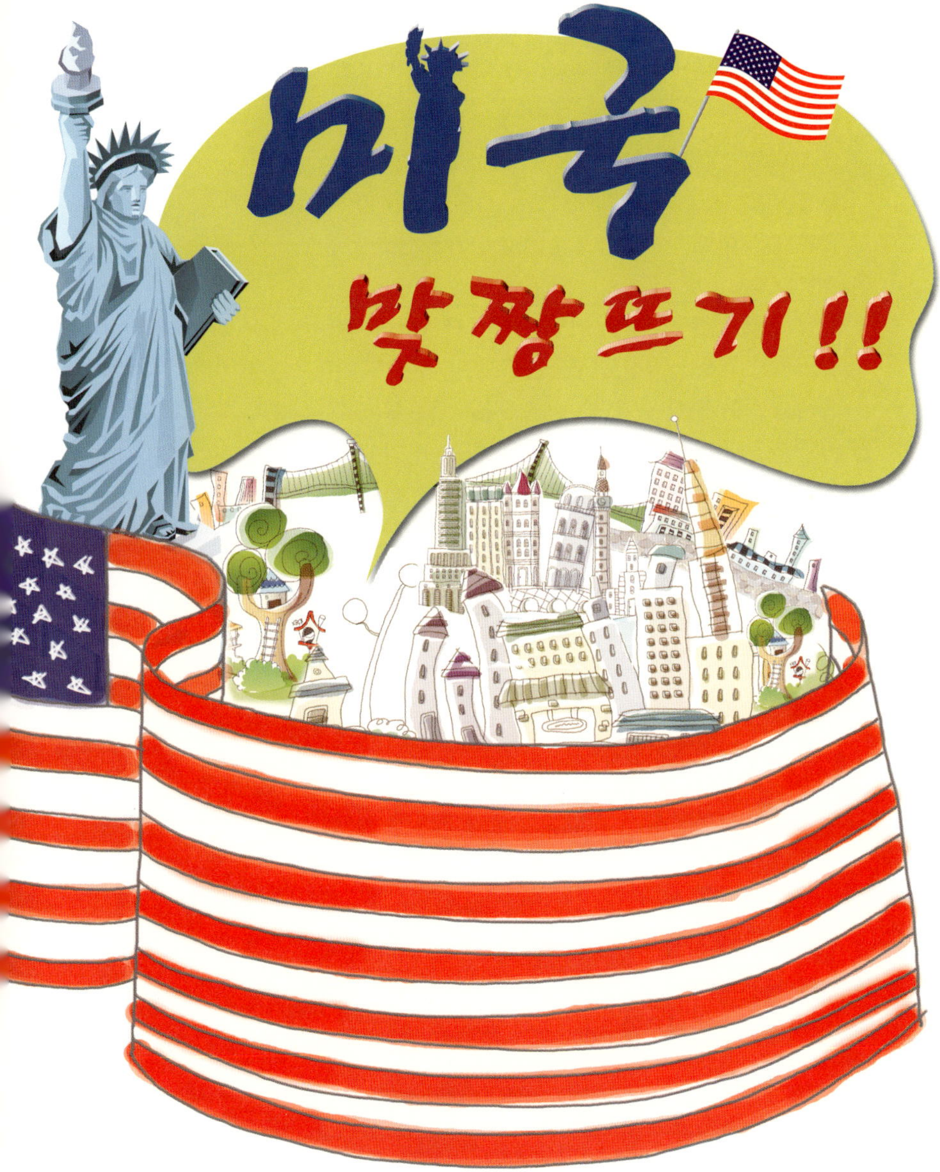

2002년 말 어학연수와 비즈니스과정을 마친 후 미국, 캐나다, 영국, 호주, 뉴질랜드를 축으로 전 세계여행을 하면서, 현재 어학연수를 하고 있는 학생들과 또는 어학연수를 마치고 여행 중인 학생들을 직접 만났다.

그렇게 많은 친구들을 사귀었는데, 그때 만났던 친구들 중에는 어학연수에 회의적인 생각을 가진 친구들이 많았다. 상당히 많은 사람들이 어학연수를 통해 본인이 원했던 영어실력을 얻지 못했다는 것이었는데, 국내에 돌아와서도 거듭 고민을 하게 되었다.

그 결과, 우리나라에서 가장 어학연수 국가로 선호도가 높은 미국을 선택하여 다음카페 미준모(미국어학연수 & 유학준비생 다모여!)를 만들어 운영하게 된 계기가 되었다. 그 후로 성공적인 어학연수의 길을 찾으려 계속 노력을 기울이고 있다.

미준모를 운영하면서 미국으로 떠나는 8만여 명의 회원 분들, 수십만의 글들, 400번 이상의 세미나, 어학연수를 마치고 돌아온 회원들과 다시 만나 친구가 되었던 수많은 사람들을 통해 처음에 시작했던 고민들의 해결점을 찾아나갔다.

지금은 카페 운영자로서 지난 5년간 미국 내 지역을 구석구석 모두 돌아보며 미국을 대표하는 연수학교를 방문하고 그 지역에서 공부하고 있는 수많은 학생들을 만나보았다.

때로는 직접 학교수업에 참여하여 수업을 들어가면서 어학연수생이 된 학생의 입장에서, 학생들이 진정으로 영어 이외에도 해외에서 얻을 수 있는 것이 무엇인지에 대해 일종의 사명감으로 고민하기도 했다.

이제 그 오랫동안 기울였던 노력과 경험, 노하우를 모두 집약하여 한권의 책으로 모아 보고자 한다. 카페 내에서 실질적으로 도움이 될 수 있는 자료와 많은 학생들의 의견들을 조합하여 떠나기 전에 학생들이 알아야 할 것들을 미국 어학연수 준비과정에 맞추어 유용한 정보들을 정리했다.

이외에도 미국 어학연수 성공에 꼭 필요한 조건과, 어학연수가 가능한 미국을 대표하는 미국 내 명문대학들을 함께 정리해두었다.

이러한 노력들이 미국 어학연수를 계획하고 있는 모든 분들에게 실질적인 지침서가 될 수 있기를 간절히 희망한다.

필자 이 재 혁 드림

성공적인 어학연수 준비를 위한 5가지

첫째, 목표를 확실하게 설정하라

목표를 세부적이고 정확하게 설정하는 것이 좋다. 현재 나의 영어실력을 파악하고 얼마의 기간 동안 어느 정도의 영어실력을 얻을 것인지 목표를 설정하면, 보다 세부적인 목표를 세우게 되어 체계적인 어학연수를 할 수 있다.

둘째, 영어 미리 준비하고 떠나라

학교에서 영어를 배우면 생각보다 쉬운 내용들이 많거나, 한국에서 공부할 수 있었던 것들이라고 느낄 것이다. 여행을 하는 것도 아니고 학교 안에서 비싼 돈 들여 연수하는데 이 얼마나 아까운가…. 또한 현지에서 외국인과 부딪히다보면 영어실력이 저절로 늘 것이라고 막연하게 생각하는 사람들이 많은데 절대 그렇지 않다. 기본적인 영어 회화 실력이 없으면 적응을 못하고 미국에서도 한국 사람들과 어울리게 된다. 떠나기 전부터 열심히 공부하여 짧은 연수기간 안에 더욱 많은 성취를 하길 바란다.

셋째, 친구는 영어로 대화할 수 있는 친구로 사귀어라

미국에 도착하였을 때 영어가 자연스럽지 않기 때문에 어려운 문제나 궁금한 것들이 생기면 자연스럽게 주변의 한국 사람들에게 부탁하게 되고 그러다 보면 자연스럽게 한국 사람들과 어울리게 된다. 굳이 한국 사람들을 외면할 필요는 없지만 영어가 서툴러도 처음부터 외국 친구들에게 다가가려는 적극적인 노력이 필요하다. 가장 친한 친구를 영어로 대화할 수 있는 친구로 만든다면 영어를 생활화할 수 있을 것이다.

넷째, 처음 3개월 동안은 아르바이트를 자제하라

사실상 미국에서는 학생비자로 아르바이트는 금지되어 있지만, 많은 학생들이 다른 여러 가지 방법으로 아르바이트를 하고 있다. 제한된 경비로 인해 현지에 가서 아르바이트를 통하여 학비나 생활비를 충당하려는 학생들이 의외로 많다. 하지만 미국에서 6개월 동안 영어공부에 집중을 해도 의사소통이 쉽지 않은 연수 실태를 감안한다면 아르바이트와 공부를 함께 하면서 영어실력을 늘리기는 사실상 어렵다. 또 다시 올 수 없을지 모르는 제한된 연수기간인 만큼, 연수기간을 줄이더라도 처음 3개월은 공부에만 집중하라. 아르바이트는 영어의 기초를 다지기 전에는 생각하지 않는 것이 좋다.

다섯째, 미국여행을 꼭 하고 돌아오라

해외에서 영어를 배우고 새로운 문화를 체험하는 것이 가장 중요한 해외를 떠나는 어학연수생들의 목표가 될 것이다. 여행은 어학연수의 마지막을 가장 잘 정리하고 돌아올 수 있는 기회라고 생각된다. 여행을 하다보면 많은 사람들을 편하게 만나면서 이야기를 할 수 있는 기회가 되고, 미국의 여러 주의 다양한 경험을 통하여 각기 다른 생활과 문화의 모습을 몸소 체험할 수 있을 것이다.

조금 더 욕심을 부린다면 여행은 가능하다면 혼자서 떠나라는 것이다. 여러 명이 떠나는 것보다 스스로 영어실력을 정리하면서 문화체험에도 더 많은 도움이 될 것이다. 여성분은 안전성의 문제도 있으므로 두 명 정도가 무방할 것이다.

목차

01

미국 연수 준비시 고려사항

미국 연수 준비시 고려사항

미국연수를 준비하면서 가장 기본적으로 알고 있어야 할 부분이다. 다소 형식적인 것이 될 수 있지만 아주 기본적인 것이므로 필히 숙지해야 할 것들이다.

01 미국 어학연수 기관의 종류와 차이점

미국의 어학연수 기관은 세 가지로 나눌 수 있다.
첫째 대학부설 영어학교, 둘째 대학 내 사설 영어학교, 셋째 일반 사설 영어학교이다. 이 학교들의 영어수업은 대개 영어의 기본인 Listening(듣기), Speaking(말하기), Reading(독해), Writing(작문), Grammar(문법)으로 구성되어 진행된다. 학생들의 영어 학습 속도는 개개인에 따라 차이가 심한 편이지만, 6-12개월 수업을 받으면 기본 회화가 가능할 정도로 어학 능력이 향상된다.

01 대학부설 영어연수 학교

학교 캠퍼스 내에 부설되어 있는 대학부설 영어학교의 장점 중 하나는 대학의 기숙사, 도서관 등 모든 시설을 정규학생과 같이 자유롭게 쓸 수 있다는 점이다. 단기 연수학생이라도 학생증이 발급되기 때문에 도서관이나 스포츠 시설 등을 모두 이용할 수 있다. 또한, 현지인 학생들과의 교류 등의 계기를 마련하고 있는 학교도 있어 미국의 대학생활을 간접적으로 체험해 볼 수 있는 장점이 있다.

하지만 대부분의 대학부설에서는 회화나 듣기보다는 읽기나 문법, 쓰기 등의 아카데믹(Academic)한 수업이 주가 되므로 본인이 현재 어떤 분야의 영어 실력이 부족한지를 잘 파악하고 선택해야 한다. 영어강좌는 누구나 들을 수 있지만, 대학부설이라고 해도 그 대학의 정규 학위 과정에 쉽게 입학이 허가되는 것은 아니며 학부 또는 대학원 입학에는 별도의 입학 요구조건을 갖추어야 한다.

수업일정은 대부분 정규과정의 학기 시스템에 맞추어져 있기 때문에 한 학기가 보통 8-16주이다. 학기 시스템 중 가장 흔한 것이 4학기제(Quarter System)인데 한 학기는 10주 내외이며 9월, 1월, 4월, 6월의 연4회 수업을 시작한다. 또 2학기제(Semester System)로 운영되는 학교에서는 한 학기가 16주 정도로, 입학 시기는 9월, 1월의 연 2회에 여름방학과정(보통 8주)으로 운영되는 학교가 일반적이다. 따라서 대학부설의 경우에는 유학생의 사정으로 출발시기가 제한되어 있는 경우나 단기 연수를 희망하는 경우에는 스케줄을 맞추기가 어렵다는 단점이 있다.

02 대학 내 사설 영어연수학교

미국은 대학 내 사설 영어연수 학교가 상당히 많다. 미국의 대학부설 영어학교와 사설영어학교의 장점을 접목시켜 대학과 계약이 된 사설 영어학교 정도이다.

사설 영어학교의 수업시스템은 기본적으로, 대학부설과 마찬가지로 대학의 모든 시설을 이용할 수 있고, 대학 재학 중인 미국 학생들을 만날 수 있다는 장점이 있다. 또한 대학부설은 개강일이 정해져 있는 반면, 사설 영어학교는 자유롭게 선택할 수 있다. 이러한 사설어학교의 장점을 살려 학생 케어 면에서도 월등하며, 미국의 경우엔 대학부설 보다 더 많이 추천이 되는 경우이기도 하다.

03 일반 사설 영어연수학교

사설 영어학교는 대학부설에 비해 세밀한 서비스와 회화와 학생 중심의 수업을 제공하고 있는 것이 특징이다. 매주 또는 2-4주마다 수업을 시작할 수 있고 언제든지 원하는 시기에 입학할 수가 있다. 수업 기간을 짧게 선택할 수 있어 단기간에 집중적으로

공부하고 싶은 학생에게 편리하다. 또한 대학부설과는 달리 학기와 학기 사이에 공백이 없고, 연말연시를 제외하고는 연중무휴로 계속 공부할 수 있도록 운영하는 학교가 대부분이다.

현재 영어 실력이 중급 이상인 사람이라면 처음부터 대학부설에서 공부를 하는 것도 좋지만, 그것이 여의치 않다면 회화 위주인 사설학교나 대학 내 사설학교에서 먼저 공부를 한 후에 대학부설로 옮기는 것이 유학생들의 보편적 코스이다.

미국 연수 장단점

01 장점

- 미국은 52개 주 어디에서든지 영어연수를 할 수 있는 학교를 찾을 수 있다. 대도시의 경우 사설과 대학부설 모두에서 영어연수를 받을 수 있고, 켄터키나 텍사스처럼 시골인 경우에도 대학교 안에 영어연수를 할 수 있는 학교가 있으므로 몇몇의 도시에서만 학교를 찾을 수 있는 다른 영어권 나라들과는 차별화된다.

- 영어연수로 전통이 있는 학교들이 많다. 대학부설의 경우 전통이 100년이 넘는 학교들이 많고, 사설 연수기관의 경우도 30년 이상 운영해 온 곳이 많아 그 동안의 노하우로 수준 높은 영어수업을 제공하는 곳들이 많다.

- 대부분의 학교와 사설 연수기관들이 기숙사를 제공한다. 홈스테이는 물론, 학생들이 편하게 지낼 수 있는 아파트 등을 소개해 주는 학교들도 많다. 그러므로 홈스테이, 자취 등을 해야 하는 다른 영어권 나라에 비해서 숙소 선택의 폭이 넓다.

- 미국에서 연수를 하는 경우 보다 쉽게 대학으로의 진학이 가능하다. 전 세계적으로 미국 대학들의 수준이 높다는 것은 알고 있을 것이다. 미국으로의 유학을 계획하는 경우 미국의 연수기관들은 많은 대학들과 연계를 잘 맺고 있어서 토플점수가 없거나 토플점수가 낮아도 미국에서 연수를 한 경우 입학을 허가해 주는 등의 혜택을 받을 수 있다.

- 다른 영어권 나라들에는 없는 대학 내 사설 영어기관이 있다. 수업은 회화 위주의 일반 사설 수업을 원하지만 대학부설에서 공부하는 것처럼 대학의 여러 시설을 이용하고 싶은 학생들에게 좋은 연수시설이다.

- 저렴한 영어 연수기관부터 수준 높은 영어 연수기관까지 다양하게 선택할 수 있다. 그러므로 학생들은 재정 상황에 따라 학교를 선택할 수 있고, 많은 이민자들이 살고 있는 곳이어서 저렴한 숙소도 얼마든지 구할 수 있다.

- 환율이 다른 나라들 보다 높게 책정이 되어 있지만 실제로 학비는 다른 여타의 나라에 비해 비싸지 않다. 예를 들어 미국 달러로 한 달에 1,000불 정도하는 학교라면 100만 원 정도이다. 캐나다의 경우 이와 비슷한 수준의 영어 학교가 캐나다 달러로 대략 1,300-1,400불 정도이므로 한화로 환산을 하면 학비는 마찬가지이다.

- 여러 민족이 모여 사는 다 민족 국가이기에 여러 문화를 경험할 수 있다.

02 단점

- 나라가 워낙 넓은 탓에 대도시를 제외하고는 차가 필요한 경우가 많다. 차가 없는 경우는 기숙사를 벗어나면 생활하기가 힘들 수 있다.

- 비자발급이 다른 영어권 나라에 비해서 까다로운 편이다.

- 생활비가 다소 비싼 것이 단점이다.

- 넉넉하지 않은 자금으로 대도시가 아닌 지방을 택하게 되면, 현지인 즉 미국인들을 만나기가 어렵다. 그래서 더욱 한국인들과 쫀득한 관계를 형성하여 그 동네에 있는 한국 친구의 숟가락 숫자까지 알게 된다.

- 홈스테이를 하게 되는 대부분의 호스트는 유대인이나, 독일인들이 많이 하고 있다고 한다. 물론 좋은 호스트도 있지만, 대부분의 유학생들이 먹는 음식이나(유대인 가정에 가면 유대인식 식사를 해야 한다), 홈스테이의 위치 때문에 많은 문제를 겪어, 유학생활에 많은 불편함을 느낀다.

  그러므로 가기 전에 홈스테이하게 될 집의 위치가 안전한지, 호스트의 출신을 알아 두는 게 좋을 것이다.

  또한 홈스테이를 선택하는 가장 큰 이유 중 하나가 현지인과 같은 집에서 살면서 영어로 대화를 하는 게 목적이다. 하지만 실제로 주인 얼굴은 밥 먹을 때조차 보기 힘들다는 것. 잘 생각하고 따져봐야 할 부분이다.

03 학교 선정 방법

01 학교의 위치

대도시, 중소도시, 시골지역, 인구, 기후조건, 치안 상황 등을 꼼꼼히 살핀다. 본인의 성격에 따라 지역은 상당히 중요할 수 있으며, 향후 목표에도 영향을 미치게 된다. 예를 들어 문화생활을 즐기고 복잡한 대도시의 생활을 즐기고 싶다면 시골 지역의 학교를 선택하는 것은 다시 생각해야 한다. 시골지역의 경우 차 없이는 움직일 수가 없고 유흥문화는 전혀 없으므로 지루한 생활이 될 수도 있기 때문이다. 기후도 미국의 중부와 동부에는 영하 10도 이하로 내려가는 도시들이 많아 추운 날씨를 원하지 않는다면 겨울철을 피하는 것이 좋다.

02 규모

규모란 학생 수, 교수 수, 외국인 학생 수를 말한다. 초보학생들에게는 소규모의 학교를 권하며, 중급레벨 이상의 경우에는 큰 학교가 유리할 수 있다. 초보자인 경우 영어로 말하는데 부담을 느끼므로 좀 더 많은 관심 속에서 공부를 할 필요가 있다. 이런 경우는 소규모로서 보다 가족적인 분위기 속에서 공부할 수 있는 환경이 되므로 유리하다.

03 입학 요구 조건 _ 성적, TOEFL, GRE, GMAT, 직업경력

일반 영어연수의 경우 토플성적이나 토익 성적 등은 전혀 필요하지 않다. 하지만 일부 대학부설에서는 요구하는 경우도 있다. 입학 요강을 꼼꼼히 살펴보아야 한다. 대학부설의 경우 Certificate 과정은 토플이나 토익 점수와 함께 직장 경력 등이 있어야 공부할 수 있는 과목들도 있다.

04 입학신청 마감일

대부분의 사설 학원들은 마감일이 없다. 보통 4-6주 정도 전부터 신청을 하면 무리 없이 공부를 시작할 수 있다. 간혹 대학부설의 경우 입학 신청 마감일이 있는 경우도 있으나, 마감일이 지났다 해도 인원이 다 차지 않았다면 신청을 받기도 한다. 마감일이 지났다고 해서 바로 포기하지 않도록 한다.

05 학비 및 생활비

연수에 드는 비용을 정확히 산출하여 예산을 세운다. 학비는 학교의 수준과 가격대비 성과를 고려하여 판단을 하는 것이 가장 중요하다.
대도시 보다 소도시 물가가 저렴하므로 본인의 재정상황이 좋지 않다면 소도시를 생각해 보는 것이 좋다.

06 숙소형태 _ 기숙사, 홈스테이, 아파트 등

미국의 경우 대부분 기숙사를 이용할 수 있는 경우가 많다. 대학부설은 자체적인 기숙사 시설을 가지고 있거나, 여러 사설 기숙사들과 연계를 해서 학생들이 보다 저렴하게 기숙사를 이용할 수 있도록 하고 있다.
홈스테이는 영어를 학원에서 뿐만 아니라 집에서도 사용할 수 있는 좋은 점이 있고 미국의 문화를 배울 수도 있다. 하지만 보통 시내에서 1시간 정도 떨어진 곳에 있는 경우가 많으므로 통학하는데 많은 시간이 소요된다. 아파트의 경우 학교가 소개해 주는 곳은 비싼 편이다. 본인이 직접 현지에서 저렴한 곳을 찾을 수도 있는데 부동산 소개비로 한 달 월세 정도를 내야 하기 때문에 부담이 될 수 있다.

07 영어실력

본인의 영어실력이 초보라면 처음부터 어려운 대학부설에서 공부하는 것보다는 사설에서 공부를 좀 한 후 대학부설로 가는 것이 좋다. 처음부터 많은 분량의 과제에 파묻혀 오히려 부담으로 인해 열심히 하지 않는 경향이 나타날 수 있다. 영어 실력이 중급 이상이라면 규모가 큰 학원을 선택해서 다양한 코스를 배우거나 대학부설로 가는 것이 좋다.

04 비용 산출

01 사설어 학교

보통 주당 25시간에서 30시간의 집중영어과정이 있다. 학비할인을 적용받기 위해서는 짧게는 3개월 길게는 6-9개월 이상 등록해야 할인이 적용되는데 대략 학비의 10%-20%이다. 학비는 각 학교마다 차이가 있지만 할인을 받으면 1개월에 110-120만 원 정도이다.

02 대학부설

대부분이 주당 20시간으로 학교마다 학비 차이가 심하다. 한 학기가 8-10주 정도이고 평균적으로 학비는 $1,900-2,000 이상이다. 1개월은 90-100만 원 정도가 된다. 하지만 남부, 중부, 동남부 등에는 한 학기가 4개월이 되는 학교도 있고, 학비도 4개월에 $1,700-2,000로 1개월로 계산하면 60만 원 정도인 학교도 있다.

03 기숙사

보통 하루 3끼 식사를 포함하고 비용은 학비와 비슷하거나 약간 더 저렴하다. 대도시는 생활비와 숙식이 비싸 1개월에 $900-1,000 정도이므로 100만 원 이상 예상해야 한다. 중소도시나 소도시는 1개월에 $700 정도이므로 70만 원 이상으로 예상한다.

04 홈스테이

하루에 2끼 3끼 식사를 포함하여 대도시에서는 $800-1,000 정도, 소도시에서는 $500-600 사이이다.

05 아파트

대도시에서는 스튜디오(방 없음)가 1개월에 $1000-1100 정도, 중소도시나 소도시에서는 $600-800 정도 생각하면 된다. 룸메이트를 구했을 때에는 가격이 반이 되므로 굉장히 저렴해진다.

06 생활비

용돈은 한 달에 최소 30-40만 원 정도는 예상해야 한다. 여행을 하거나 옷을 산다면 추가로 비용이 발생하게 되고, 따라서 예산을 꼼꼼히 짜서 사용하도록 한다. 항상 Tax가 있기 때문에 물건을 살 때에는 유념해야 한다.

05 연수준비 절차

01 지역과 학교 선정

다시 한 번 강조하지만 미국은 국토가 넓으므로 무엇보다도 지역선정이 중요하다. 동부와 서부의 대도시라면 수업료와 생활비가 비교적 높고, 중·남부 지역은 학비와 생활비가 저렴한 편이며 한국인이 비교적 적다. 학교 선택에서는 학교 시설이나, 개설프로그램, 주당 수업시간, 연수비용, 학습 프로그램의 종류, Level 구분, 친인척 연고지, 학급당 학생 수, 기숙사의 사용 가능 여부, 강사진 등의 비교를 꼼꼼히 해야 한다. 미국의 상당수 영어 학교들이 대학부설로 운영되고 있다. 약 900여 개의 대학에 영어학교가 개설되어 있다. 대학부설 과정들은 일반적으로 2개월 또는 3개월을 한 학기 단위로 수업을 시작하는 것이 보통이고, 그 대학 대학원과정에 진학하려는 학생들 위주의 과정이기 때문에 커리큘럼도 진학을 목적으로 하는 학생들에 맞추어 편성되어 있다.

02 원서요청 및 작성

지원할 학교가 선정되면, 해당학교에서 요구하는 각종 지원 서류들을 작성한다. 이러한 서류작성은 입학사정의 중요한 근거가 되므로 신중하고 충실하게 작성하도록 한다. 학교의 입학 허가서를 받는 것이 바로 I-20이다. I-20를 받기 위해서는 학교에서 요구하는 Application Form과 요구 서류를 미리 준비하여 보내야 한다. 서류 심사를 거쳐 입학을 허가하게 되면 학교에서는 입학을 허가하는 I-20를 보내주게 되고, VISA 신청시 I-20가 있어야 F-1(학생)VISA를 받을 수 있으며, 미국유학닷컴에는 필요한 모든 학교원서가 비치되어 있다.

03 지원서 첨부 및 필요서류 준비

학교에서 요구하는 서류를 준비하여 작성한 원서(Application Form), 등록비(Application Fee)와 함께 학교에 보낸다. 학교에서 요구하는 서류는 학교마다 차이가 있겠지만, 영문 재학 혹은 졸업증명서, 영문 성적증명서, 재정증명서 등이며, 경우에 따라서 숙소신청, 학비예치 등에 필요한 비용을 미리 납부해야 한다. 이것은 학교에 따라 필요서류는 약간씩 다를 수 있다.

■ **원서에 첨부하는 일반적으로 필요한 서류**

입학지원서, 재정보증서(은행잔고증명서 첨부), 숙소신청서, 학력증명서, 면역접종 확인서, 신청비와 예치금(또는 학비전액), 사진, Address Labels 등

04 숙박신청 및 예약확인

성공적인 어학연수를 위해서 학교 선택 다음으로 중요한 것이 숙박이다. 연고지가 있는 경우에는 특별한 것이 없지만, 그렇지 않을 경우에는 가능하면 원서 발송할 때 기숙사나 홈스테이 신청을 함께 해야 한다. 특히 기숙사는 마감이 빠르므로 입실 가능 일을 사전에 미리 확인하고, 홈스테이를 신청할 경우에는 본인이 원하는 조건(개인적인 성향) 등을 정확히 기재하도록 한다. 숙박형태는 기숙사, 홈스테이, 아파트 등이 있다. 미국 기숙사는 대학 캠퍼스 안에 있는 기숙사와 캠퍼스 밖에 있는 기숙사, 1인실이나 두 명 혹은 그 이상이 함께 쓰는 공동실 등이 있다.

또한 대학에서 캠퍼스 밖에 기숙사를 정해 놓은 경우도 있고, 학교 안에 있는 기숙사 형식인데 완전히 독립되어, 학생이 공동으로 관리하도록 하는 아파트식 기숙사 등이 있다.

대학부설 연수기관을 선택할 때 기숙사는 어떤 형태로 제공되는지를 반드시 체크해 볼 필요가 있다. 기숙사를 이용하지 않는 경우 홈스테이를 하거나 아파트 등을 임대하여 자취를 한다.

05 항공권 예약

미국의 학교가 수업을 시작할 즈음이 되면 출발 일을 잡고 비행기 표를 구입해야 하는데, 이상적인 출발 일은 현지도착 후 시차적응기간을 가질 수 있도록 수업시작 3일 전쯤이 좋다. 출국 일까지 시간적 여유를 가지고 여권과 비자를 만들었다면 천천히 비행기 표를 구입할 수 있으나, 만일 비자를 아직 못 받은 상태로 시간이 촉박한 상태라면 비자가 나오기 전이라도 비행기 표를 미리 예약해 놓아야 한다. 항공요금은 성수기/비수기 또는 직항/경유에 따라 차이가 크므로 저렴한 항공을 원한다면 미리 서두르는 것이 좋다.

06 입학허가서 도착

지원학교에 입학신청서류가 접수되어 입학이 허가되면, 해당학교에서는 숙소안내, 연간 학사일정, 비용, 학교규정, 준비물, 오리엔테이션, 건강진단 및 보험 등을 소개하는 자료들을 입학허가서와 함께 발송해 준다. 입학허가서의 도착은 원서 발송 후 빠르면 일주일 이내인데, 일반적으로 대학 부설의 경우에는 1개월–1개월 반 정도가 소요되는데 경우에 따라 2개월 이상이 소요되는 학교도 있다. 입학허가서는 비자를 신청할 수 있는 중요한 서류이다.

07 비자 및 필요서류 준비

비자는 그 국가의 정책사항이므로 가장 신경을 써서 준비해야 한다. 비자가 한번 거절되면 재신청에 어려움이 따르므로 처음부터 잘 대비하는 것이 좋다. 미국의 경우 특히 비자 신청이 까다로우므로 자신의 조건에 따라 꼼꼼하게 서류준비를 해야 한다. 비자 신청 수수료 $100을 신한은행에 납부한 후 영수증을 발급받아 비자 신청서류(수속절차 비자부분 참조)와 함께 제출한다.

08 비자인터뷰

학생비자 신청자는 인터뷰 예약이 필요하며 주한미국대사관의 미국 비자 인터뷰 예약 사이트(www.us-visaservices.com)나 ARS 060-700-2510으로 인터뷰예약을 해야 한다. 입학허가서(I-20)와 비자 서류를 가지고 예약된 날짜와 시간에 맞추어 인터뷰를 하고 성수기에는 비자 예약이 많이 밀리므로 미리미리 예약을 하도록 한다.

09 비자발급

비자 인터뷰 후 비자발급 결과는 그 자리에서 바로 알 수 있고, 발급은 성수기에는 보통 일주일이나 10일 정도 비수기는 4-5일 정도 소요된다. 원하는 형태에 따라 지정된 날짜에 대사관에서 찾을 수도 있으며, 택배로 배달을 요청한 경우 기재된 주소지로 배송된다.

10 출국준비

비자를 받으면 구체적인 출국준비를 시작한다. 최소 한 달 이상은 외국에서 생활하게 되므로 꼼꼼하게 준비물을 챙기고 학교에 따라 건강검진서류를 요구하는 곳도 있으니 미리 준비해 둔다. 입학 허가서와 함께 받았던 서류들을 다시 한 번 잘 확인하고 유학생 보험은 국내에서의 가입가능 여부도 확인해 본다(의무). 국제전화카드 서비스 및 국제운전면허증 등도 함께 확인한다.

11 출국

출국은 I-20의 시작일을 기준으로 30일 전에만 가능하다. 출국 전날 반드시 중요한 서류를 다시 한 번 점검한다. 여권, 입학허가서, 항공권, 학교 및 체류할 곳의 주소 확인, 보험증 등을 빠짐없이 체크하고 적어도 비행기 출발 2-3시간 전에는 공항에 도착해야 한다.

02

학교 선택시 고려사항

미국 연수 준비생에게 있어 학교 선택보다 중요한 것이 또 있을까.. 이 장에선 미국 학교의 특성과 학교를 선정하는데 흔히 범하는 실수, 학교 선별시 중요하게 보아야 할 부분들을 실제 학생의 입장에서 정리하였다.

01 한인 비율

연수에서 학교 선택이 중요하는 것은 두말할 필요도 없을 것이고, 전체 연수기간에서 가장 큰 비중을 차지하는 학비는 연수계획을 잡을 때 가장 중요하게 생각하는 부분이기도 하다.

또한 적정한 비용으로 운영되는 우수한 학교프로그램을 선택하는 것에 신중함을 기하는 것은 당연할 일이기도 하다. 연수를 준비하는 많은 분들이 학교를 선택하는 기준을 대체적으로 일축하자면, 크게 세 가지 정도이다.

첫 번째로 "한인"을 기준으로 들 수 있다.

국내 젊은이들에게도 글로벌 시대는 당면 과제인 만큼 미국에서 영어연수를 위해서 머무르는 한국인의 비율은 점점 더 많아지고 있다. 실제로 미국 내 뿐만 아니라 영어 연수가 가능한 국가의 학교들에 한국 연수생들이 있다.

"어느 학교가 한인이 적고, 어느 학교가 좀 더 많고.." 하는 문제는 형식적인 것일 뿐이다. 원론적으로 너무 많은 비율을 차지하고 있는 것은 문제가 되겠지만, 어느 정도의 한인은 연수를 할 때 별다른 지장을 미치지는 않는다.

미국의 경우 대도시의 대부분의 전문사설, 대학부설 연수기관의 경우 기간에 따라 차이는 있지만 전체 학생의 30-50%까지 분포되어 있다. 중소도시의 경우 20% 미만이지만 학교의 규모가 워낙 작은 경우가 많아서 이러한 수치는 실제로 여러분이 학교선택을 할 때 가장 중요하게 생각할 부분은 아니라고 생각한다.

한국 학교에서도 반 내의 수업 분위기가 중요하듯, 현지에서도 이것은 마찬가지이다. 미국 내 체계화된 학원에서는 대부분이 한인이라도 항시 영어를 사용하도록 권장하거나 혹은 학교 내 규율로 정해 놓고 3번 이상 어길 경우에는 강제로 학원공부에 불이익을 주게 되는 경우가 대부분이다. 공부한다는 뚜렷한 의식을 가지고 있는 학생들과 커뮤니티 내에서 수업을 하게 된다면 이것은 플러스 요인이 될 수 있다.

물론 이러한 커뮤니티가 형성이 되어 있지 않다
면 본인이 만들어가는 자세와 다른 환경을 만들
어가는 자세도 중요하다.
간혹 한국인 비율이 많은 것보다 중국인이 한
학교에 70–80%인 학교 때문에 문제를 토로하
는 경우도 적지 않다.

그러나 한국인 비율 혹은 중국인 비율 등으로 고민하기보다는 학교선택에서 본인
의 성향에 맞도록 결정을 해야 할 것 같다.

스스로 자기통제력이 강하고 충분히 공부에 집중할 수 있다면 한국인 비율에 크게
연관성을 두지 말라고 잘라 말하고 싶다. 하지만 한국에서도 친구들과 어울리기 좋
아하고 스스로 통제할 수 없었다면 한국인 비율에 크게 영향을 받을 수 있다.

- 현재 스스로의 실력이 중상급이면서 외로움을 잘 견디는 성격이라면, 소도시에
  는 한국인도 적고 현지 인구도 적으므로, 조용하게 공부하면서 생활할 수 있는
  곳을 선택하는 것도 나쁘지 않다.
- 본인이 내성적이고 영어실력도 초급이라면 오히려 너무 한국인이 적거나 소도시
  의 사람이 적은 곳이라면 외로워서 힘들 수가 있다.

여러 면을 잘 고려하여 연수학교를 선정해야 한다. 단지 한인 비율에 기준을 둘 필
요는 없다.

02 값싼 '비자학교'

미국 내에는 학비가 정말 저렴한 '비자 학교' 라 불리는 곳은, 비단 한국 학생들뿐 아니라 모든 나라의 학생들이 있는 학교이다. 학업이 목적이 아닌 단순한 비자 연장의 목적을 가진 학생들이 많은 곳이기도 하다. 한국인이 비자학교에 다니는 경우는 현지로 영어연수를 온 후 영어에 대한 성취도보다는 현지 체류가 주목적으로 바뀌어 학생신분을 유지하기 위하여 많은 사람들이 다니고 있다.

따라서 비자학교의 경우 학급 분위기가 정상적인 학교와는 사뭇 다르다. 수업열의가 떨어질 뿐만 아니라 학생들의 실제 수업 참여도가 20-30% 정도인 경우가 비일비재하다. 또한 선생님들의 수업태도나 자질면도 아주 부족한 경우가 거의 대부분이다.

만약 여러분들이 미국에서 영어공부를 주목적으로 한다면 '비자학교' 는 사실상 공부와는 거리감이 있다고 판단해도 무리가 없을 것이다.

비자학교처럼 학비가 너무 저렴한 학교는 그 학교에 대한 '확실한 이해' 없이 선택하는 것은 자칫 인생의 아주 중요한 시기에 시간을 허비하는 일이 될 수도 있다.

03 학교 수준

커리큘럼과 학교의 시설, 그리고 여타의 부분은 쉽게 접할 수 있는 내용이다. 핵심적인 학교 수준은 강사들의 수업방식이나 혹은 학생들이 느끼는 강사의 만족도에 따라서 평가되는 경우가 많다.

강사의 수업방식이 마음에 들지 않거나, 성격이 불친절하다거나 기타의 다른 이유로 인해 마음에서 멀어지면 수업이 지루해지고 점점 열정이 식을 수밖에 없기 때문이다.

학교의 수준은 현재 연수중인 연수생들에게 자문을 얻거나 지금까지의 학교에 대한 전체적인 동향에서 판단을 하는 경우가 일반적인 것이다.

학교의 전반적 인지도, 시설, 커리큘럼을 나름대로 꼼꼼히 살펴 어느 정도 스스로 마음을 정한 후, 유학원이나 주변에 이미 연수를 다녀온 선배에게 물어보면서 정확한 학교의 수준을 파악한다면 보다 객관적인 판단이 될 것이다.

인터넷에 각 개인이 올린 학교 수준의 평가나 수기 같은 것들은 본인이 마음에 두는 학교라면 한 사람의 단편적인 이야기보다는 여러 사람들의 이야기를 종합할 필요성이 있다. 실제 강사의 수업방식과 수준은 학생이 느끼는 부분들이 모두 다르기 때문이다.

이 세 가지 외에 한 가지 더 우선시 되어야 할 부분이 바로 "본인의 예산비용, 영어 실력, 향후목표, 총 체류기간이다. 본인의 영어 실력을 확실하게 알고 있어야 어떤 코스를 수강할 것인지 선택할 수 있고, 목적에 따라 학교의 선택도 달라질 수 있기 때문이다.

이러한 4가지 중요사항을 꼭 염두에 두도록 한다. 그리고 학교선택으로 성공연수로 가는 길은 더욱 자세하게 '어학연수 성공하기' 에서 다루도록 하겠다.
결론적으로 학교 선택은 누구에게나 최상의 학교는 없다는 점을 잘 고려하여 선택해야 한다는 것이다.

04 초보수준 학생의 학교선택

초보과정에서 흔히 말하는 아주 좋은 사설학교나 대학부설이 꼭 필요한가 하는 의문이 들기는 한다. 물론 여유가 된다면 아주 좋은 사설학원을 선택하면 보다 좋은 선생님과 좋은 시설에서 공부할 수 있다...... 하지만 일반과정에서는 그리 큰 차이를 보이지 않는다는 점에서 주의 깊게 생각해 보아야 한다.

첫째, 대학부설은 초보연수생들이 적응하기에 더욱 힘든 부분이 대학 입학목적의 수업방식에 '쓰기와 문법위주' 의 수업으로 이루어져 있다는 것이다. 초보학생들은 상당히 힘들 수가 있다.
또한 대학부설의 연수기관은 본과에 다니고 있는 국제 학생들이 영어가 부족할 때 수업에 들어오는 경우도 많아, 사실상 일반영어과정이라고 해도 그냥 '일반영어과정' 이라 보기에 어려운 점이 많다.
위에서 말한 본과학생들은 모두 영어가 부족한 유학생들이다. 따라서, 초보인 학생이 학교를 선정할 때는 무엇보다도 기초를 충분히 배울 수 있는 곳으로 선택하는 것이 중요하다. 초보학생들은 대학 내의 시설을 이용할 수 있다거나, 대학 내 학생들과 교류할 수 있다는 생각으로 대학부설을 선택한다면, 한두 달 수업을 듣다보면 상당히 힘들어 할 가능성이 있다.
개개인에게 관심을 많이 가져주고 세세히 챙기는 것은 당연 사설학원들이 뛰어날 것이다.

둘째, 초보학생의 학교기간 선정과 향후 목표에 대해 생각해 보자. 초보연수생들의 일반영어과정의 기간은 보통 6개월에서 최대 9개월 정도로 볼 수 있다. 그렇다면 집중반에 들어가기까지 시간은 적어도 6-9개월이 걸린다는 이야기이다.

미국의 경우 대부분이 처음 6개월 정도의 기간에 학생비자를 받는 것이 일반적이다. 초보학생의 학교선택 전 6개월을 차근차근 보낼 수 학교가 선택되었다면 다음 학교는 현지에서 결정할 문제다. 한국에서부터 고민할 필요가 없다. 스스로 6개월 공부하고 나면 중상급반에 있을 것이다.

셋째, 집중반에서 공부할 때에도 본인이 한국에 와서 취업이 목적이라면 비지니스 영어나 캠브리지과정 혹은 테솔과정을 선택하면 도움이 되리라 생각한다. 이외에도 학교마다 선택프로그램이 실용영어 중심으로 개설되어 있다.

이외에 대학에 입학을 목적으로 한 학생은 중상급 이상부터 들을 수 있는 토플반과 대학준비반을 생각하면 될 것이다.

여기서 학교를 옮길 때 만약 본인이 가고 싶은 대학이 이미 결정되었다면 그 대학의 부설연수기관의 토플과정이나 대학준비반으로 옮기기를 권한다. 아직 대학이 결정되지 않았다면 사설학원에 토플반과 대학준비반에서 공부하면서 학교 내에 있는 대학입학준비 카운셀러와 여러 대학을 두고 상담을 하면서 몇 개의 대학에 지원을 해 보는 것이 좋을 것으로 판단된다.

마지막으로 무엇보다 초급연수생들에게 중요한 것은.......

처음 연수 3개월을 어떻게 보내느냐에 달려 있다. 학교수업에 재미를 붙이고 즐기는 길은 충분한 예습복습이 중요하다. 5분 이상을 넘지 못하는 회화실력으로 밖을 아무리 거닐고 서성거려도 영어는 늘지 않는다.

충분한 기초를 닦아 나가다보면 한마디 한마디 더 하고 싶은 본인을 느낄 것이며, 학교수업에서 우등생으로 거듭나며 재미있는 연수생활이 되리라 생각한다.

초급연수생들 겁먹지 말고 모두들 파이팅하길 바란다.

03

어학연수 성공하기

어학연수 성공하기

영어연수 국가 중 유일하게 비자인터뷰를 보는 나라 미국..그만큼 까다롭지만 국내 미국비자 최고 전문가들의 조언...이것만 알면 미국비자 발급 ok!

01 어학연수의 성공과 실패란?

연수의 성공과 실패는 처음의 연수준비 과정에서 이미 50%가 좌우되며, 향후 본인의 노력에 의해 50%가 좌우될 수 있다고 생각한다. 우리들이 해외 연수를 떠나기 전에는 누구나 부푼 꿈을 안고 어학연수를 떠나게 된다. 하지만 현지에서의 현실은 냉담하기만 하고 우리들이 예상하지 못했던 일들이 너무도 많이 일어나고 있다.

사람은 본인이 하면 무엇이든 잘될 수 있을 것이라는 편견을 가지고 있다고 한다. 예를 들면, 비지니스에서 100명의 사업자가 오늘 사업을 오픈한다면 5년 후에는 90%가 문을 닫거나 다른 사업으로 전향을 하게 된다. 또한 나머지 10% 사업자는 향후 10년 안에 사업을 전향하거나 문을 닫을 확률이 또한 위와 같으며 향후 30년 후의 확률 또한 위와 같다. 결국 사업에서의 성공확률은 결코 쉽지 않다는 것이다. 그렇다고는 해도 누구나 사업을 오픈하며 본인이 시작한 사업이 5년 안에 전향하거나 문을 닫는다고 예상하는 사람은 드물 것이다............ 그러면서 사람들은 자기 최면에 빠져 본인이 시작한 것이 무엇이든 잘 될 것이라는 오류를 경험하는 것은 그리 어렵지 않게 스스로에게서 발견할 수 있을 것이다. 결과적으로 자기의 성공확률이 5년 안에 10% 정도의 성공확률이라는 것을 알고 사업을 시작하는 사업가는 드물 것이라는 것이다. 하지만 오늘 이 시간에도 많은 사람들은 사무실을 임대하여 사무실을 오픈하고 가게를 차리거나 자기사업에 뛰어든다.

다시 영어연수이야기의 본론으로 돌아와서........ 연수도 이러한 예상과 크게 다르지 않을 것이라는 것이다.
현재 많은 사람들이 해외로 영어연수를 떠나고 있다. 하지만 이 연수에서 얼마만큼의 성공확률인가를 정확히 진단해 보면서 연수를 떠나는 사람은 극히 드물 것이다. 대부분의 사람들이 연수를 다녀오면, 지난 10년간 한국에서 그렇게 열심히 공부해도 쉽사리 잡히지 않았던 영어이지만, 해외연수 1년쯤이면 좋은 결실을 갖고 돌아올 수 있을 것으로 생각하는 경우가 많다는 것이다.

하지만 한 가지 정확한 사실은, 현재 떠나고 있는 많은 연수생 중에 본인이 처음 계획했던 대로 원하는 영어실력을 얻어 오는 학생은 전체 학생의 20%에 불과하며, 나머지 80% 학생들은 본인이 원한만큼의 실력을 얻지 못했다는 것이 현실이다.

어쩌면 인생에 있어서 한 번의 멋진 기회일 수 있고, 최소 1년에 2,000만 원 이상을 생각하고 떠났던 연수가, 본인이 연수를 마치고 돌아오는 비행기 안에서도 착잡한 마음을 지울 수 없다면 이 또한 개인적으로 안타까운 일이 아닐 수 없을 것이다.

많은 사람들이 해외에서의 연수는 젊은이들에게 견문의 폭을 넓혀주고 경험도 쌓을 수 있는 좋은 기회일 수 있지만, 그에 반해서 외화 낭비의 주범이 될 수 있다는 것을 알려주고 싶다. 또한 지금 한국의 해외 영어연수는 상당히 과도기에 접어들고 있기도 하다.

한국의 젊은이들이 해외연수를 떠나기 시작한 것은 가까운 일본에 비해서 그리 오래되지 않았다. 과거 한국학생들의 영어연수는 극소수의 부유층 자녀에 국한된 것이었다. 하지만 1988년 해외여행 자율화가 시작되면서 2000년까지 꾸준히 증가해 오다가 2000년 이후에는 폭발적으로 매년 증가해 왔다.

특히 지난 1997년 IMF 당시 잠시 주춤하던 유학열풍은 1998~9년 IMF를 겪어오면서, 앞으로 세계화가 되지 못한다면 국내에서도 살아남기 힘들다는 생각이 보편화되었고, 해외에 다녀오지 못하면 안 되는 사회풍토로 굳어져 가고 있는 것이 현대학가의 풍토다.

88년 이전에는 사실상 여권 하나 만들기도 쉽지 않았던 상황에서 여행, 유학, 연수라는 것은 정말 고위관직, 사회 부유층들의 전유물처럼 인정되어 왔다. 그리고 아직 우리나라 어학연수가 과도기라고 표현한 것은 영어연수를 떠나려 하는 학생이나 준비를 도와주는 알선단체, 사회풍토까지, 이 모든 부문이 연수를 떠나는 학생 본인의 궁극적인 목적과 목표를 간과하고 있다는 이유에서다.

그와 맞물려 본인의 영어실력을 정확히 알아야 향후 해외에서의 연수기간 동안의 목표를 세울 것이고, 이와 같은 과정을 잘 이끌어 가기 위해서는 본인의 예산비용과 현지 학교의 프로그램 혹은 연수생들의 정확한 실태를 이해하는 것이 무엇보다 중요하다는 의미이기도 하다.

한 가지 분명한 것은 많은 사람들의 영어연수 실패요인은 최초 잘못된 연수계획에서 빚어졌다는 것을 모르는 사람들이 많다는 것이다. 그리하여 현지로 떠날 때 얻고자 했던 영어실력의 기준에 미치지 못하게 된 사람들이 만족하는 사람들보다 훨씬 많은 이유도 또한 같은 것이다.

여러분에게 성공연수로 가기 위한 과정 중에서, 연수를 떠나기 전 연수준비과정에서 본인들이 꼭 알고 시작해야 하는 부분들에 대해서 반드시 고민해야만, 성공적인 어학연수의 결과를 얻을 수 있다는 것을 간곡히 당부하는 바이기도 하다.

02 어학연수 전 준비

01 반드시 되짚어 보아야 할 것들

어학연수 전 반드시 되짚어 보아야 할 것들이라면 지금까지의 영어공부에 대해서 짚고 넘어가야 한다는 것이다.

수많은 연수준비생들에게 하는 질문이다.

"왜 어학연수를 가나요?"

라는 질문을 던졌을 때 대부분의 대답은 막연히 영어실력의 향상이라 대답을 한다. 그런데 영어실력의 향상을 위해서 어떠한 노력을 하고 있는지에 대한 질문엔 영 대답이 시원찮은 경우가 많다. 영어 실력의 향상이 중요하다고 생각은 하지만 정작 중요한 영어 준비의 중요성은 쉽게 지나치고 있다는 것이기도 하다.

미국연수를 준비하는 대부분의 학생들이 현지에서 공부를 하면 무언가 대단한 것들, 한국에서 공부하던 것보다 영어 실력이 상당히 늘 것이라는 기대감을 가지고 있다. 기본이 되어 있지만 더 이상 늘지 않는 영어실력으로 인해 떠나는 사람들이라면 이야기가 다르지만, 대부분의 연수생들은 기본적인 영어 실력이 갖춰지지 않은 상태에서 떠난다는 것이다. '가서 잘하면 되지, 한국에서 공부하는 것보다 현지에서 공부하면 더 빨리 늘 테니까 가서 해야지.....' 라는 식이다. 하지만 현실은 그렇지가 못하다. 주변에 영어를 사용할 기회가 더 많을 뿐 기본적인 영어공부 방식은 현지든, 한국이든 다를 것이 없기 때문이다.

사실 영어학교에서 제공하는 일반영어과정 중 초, 중급 수준의 영어는 한국에서 어느 정도 숙지해야만 갈 수 있는 부분들이다. 때문에 한국에서 미리 준비를 한다면 절약된 기간은 연수의 질적 향상뿐 아니라 많은 비용과 시간을 동시에 절약할 수 있고, 프리토킹(Free Talking)이 되는 시점부터는 이전보다 더 빠르게 영어 실력이 성장하기 때문에 제한된 기간 속에서 기회비용을 훨씬 높일 수가 있다.

02 최소한의 비용으로 최대의 효과를, 그것이 바로 성공연수

성공의 의미는 다양하겠지만, 성공적인 어학연수란 '최소한의 비용으로 최대의 효과' 보다 더 좋은 표현이 없을 것이다.

'어느 항공권이 좀 더 싼지, 어느 학교의 코스가 좋은지, 어느 학교의 학비가 더 저렴한지' 등을 알아보는 것으로 몇 개월 동안의 소중한 시간을 할애하고 있지만..... 과연 이런 것들이 지금 가장 중요한 것들일까? 어떤 일이든 제한된 시간 속에서 최대한의 성취를 이루려면, 그 이전 선행되어야 할 준비 또한 중요한 것이다. 이러한 준비가 선행될 때 비로소 최소한의 비용과 짧은 시간에 최대한의 효과를 낼 수 있을 것이다.

경제적으로 여유롭지 못한 생활에서 어렵게 마련한 1,500~3,000만 원이란 돈과 소중한 꿈, 그리고 젊었을 때의 소중한 시간을 투자해서 다녀오는 연수라면, 더 큰 꿈과 더 높은 고지를 똑바로 직시해야만 하는 것이니까.....

그러므로 스스로 얼마만큼의 준비를 하였는지, 어떻게 준비를 하고 있는지를 연수 전 반드시 한 번 되짚어보아야 할 것이다.

03 영어연수의 기본 일반영어코스

01 일반영어코스란

일반영어코스는 영어학교의 프로그램 중 가장 일반적으로 우리가 알고 있는 것으로, 사설학원의 경우 연중 계속 개강하는 것이 보통이며, 수업기간도 2주에서 1년까지로 다양하다. 대학부설의 경우 1년에 총 4~5번에서 간혹 매달 초에 개강하는 경우도 있다.

수업은 보통 오전, 오후로 나뉘며 시간별로 읽기, 쓰기, 말하기, 듣기의 4가지 기본과정을 고르게 향상시킬 수 있도록 짜여져 있고 레벨에 따라 과목이 다르게 편성된다.

초급에서는 기초회화에 많은 시간이 할애되며, 중급 이상에서는 토론과 그룹단위의 연구발표가 많아진다. 독해, 작문 등에서도 초급레벨은 일상생활을 다룬 간단한 것이 제목으로 선택되지만, 중급 이상에서는 정치와 경제 등을 다루어 이론적 사고력도 향상시키기 위한 심화학습으로 발전된다.

02 사설학교의 일반코스

사설학교의 일반코스에서는 보통 학교마다 차이는 있지만, 회화적인 부분으로 특정부분에 치우치는 학교와 전체적인 영역을 고루 활용해서 공부하는 우수한 학교들도 있고 학교만의 독특한 교습법을 가지고 운영하는 학교도 있다. 하지만 대부분의 학교는 듣기, 쓰기, 읽기, 말하기를 기초로 수업을 편성해서 운영하고 있다.

03 대학부설 일반코스

대학부설의 경우는 대학입학을 목적으로 하는 학생들이 거의 대부분이기에 일반영어수업 자체도 상당히 아카데믹한 대학입학 후의 대비를 위한 수업이 위주가 되는 경향이 많다. 따라서 우리나라 학생들이 많이 원하는 회화 위주의 공부나 취업 목적의 영어를 배우고 싶어하는 학생들에게는 적합하다고 할 수는 없을 것이지만,

대학 내 사설의 경우에는 회화적인 부분과 향후 대학입학을 목적으로 할 때에도 도움이 될 수 있는 경우가 많다. 일반영어코스는 개인 사설과 대학부설의 중간개념이라 생각하면 가장 좋을 것이다.

04 중급 이상 집중코스 이해하기

연수준비에서 많이 고려되지 않는 것이 집중과정이다. 하지만 가장 중요한 부분이다.

01 집중과정코스란

⊙ 대학준비반

영어연수 후 대학 또는 대학원 등에 진학하고자 하는 학생들을 위한 과정이다. 이 과정은 대학의 강의 및 학업방식에 적응하기 위한 준비를 하는 과정이라 할 수 있다.

이 과정에 입학하기 위해서는 보통 중상급 수준의 영어실력이 요구되며, 이 수준에 미치지 못하는 학생들은 먼저 일반영어과정을 이수한 후 진학과정으로 편입할 수 있다. 한국에서 토익을 기준으로 600~700점 정도의 사람은 보통 현지 학교에서 중급레벨 정도에 배치되는 것이 일반적이다.

하지만 한국인의 경우 Speaking, Listening이 부족한 경우가 많으므로 위의 점수대라고 해도 간혹 초, 중급 레벨로 배정받는 경우가 많다.

⊙ 비즈니스영어 수료 과정

상업문서 작성법, 전화대응 연습 외에 회의와 프리젠테이션의 노하우, 마케팅, 경리, 매니지먼트, 컴퓨터영어에 이르기까지 다양한 분야를 레벨별로 가르치는 과정이다. 클래스에 따라서는 비즈니스 실무경험이 없으면 수업을 이해할 수 없는 경우도 있으므로 충분한 사전지식이 필요하다.

대개 수업기간 12주 정도가 일반적이며, 수료를 하면 수료증이 나오게 된다.

⊙ 시험준비 과정

진학을 목적으로 연수를 하는 학생들은 진학할 교육기관(대학 또는 대학원 등)에서 요구하는 미국, 캐나다에서 필요한 토플이나 혹은 영국, 호주, 뉴질랜드에서 통용되는 IELTS시험 등의 성적을 제출해야 하는데, 이러한 학생들을 위하여 집중적으로 영어시험준비를 할 수 있도록 개설된 과정이다. 이 과정에 입학하기 위해서는 학교마다 정해 놓은 일정한 수준(중상급)의 영어실력이 있어야 한다. 영어실력이 월등하지 않은 학생들은 일정기간 동안 일반영어과정을 이수한 뒤, 영어시험 준비과정에 입학하는 것이 좋다.

⊙ Cambridge 시험준비 과정

캠브리지 영어시험은 주로 유럽이나 영연방 국가들, 그리고 일본 학생들이 취업이나 교육기관 입학을 위하여 선호하여 치르는 시험으로 1년에 2회 즉, 6월과 12월에 치를 수 있다. 본인의 영어 수준별로 치를 수 있으며, 비지니스나 기타의 목적으로 본인의 선호도나 요구되는 상황에 맞추어 원하는 자격을 취득할 수 있는 다양한 시험들이 마련되어 있다. 시험은 영국을 비롯한 호주, 뉴질랜드, 캐나다 등의 영연방 국가들에서 치뤄진다. 시험 시행기관이 따로 지정되어 있어 동일한 날짜에 시행되므로 시험일로부터 3개월 전에는 응시지원을 해 놓아야 한다.

대부분에 시험준비과정은 시험이 시작되기 3개월 전에 개강해서 준비과정이 끝나고 바로 시험을 볼 수 있게 준비되어 있다. 짧은 시간에 비즈니스수료에 멈추지 않고 조금 더 심화된 캠브리지 시험공부는 좋은 기회가 될 수 있을 것이다.

T I P

*** PET(Preliminary English Test – 기초 영어능력시험)**
PET는 영어권 국가에서 사회생활 및 직장생활을 영위하기 위해 필요로 하는 **최소한의 기본적인 영어실력을 측정받기 위하여 치르는 시험**이다. 이 시험에서는 일정한 분량의 어휘력과 문법능력을 측정하게 되며, 4가지의 언어영역 즉 읽기(Reading), 쓰기(Writing), 듣기(Listening) 및 말하기(Speaking)에 대해 테스트하게 된다.

*** FCE(First Certificate in English – 중급 영어능력시험)**
FCE는 중급 정도의 영어실력을 측정하는 시험으로서 **세계 어느 국가의 직장에서나 대학 등에서 공인을 받고 있는 시험**이다. FCE에서는 4가지의 언어영역 즉 읽기(Reading), 쓰기(Writing), 듣기(Listening) 및 말하기(Speaking-인터뷰)에 대한 측정뿐 아니라 문법 및 관용어법에 대한 측정도 병행하게 된다.
가장 많은 연수생들이 마지막 과정으로 많이 선택하는 과정이다.

*** CAE(Certificate in Advanced English – 준 고급 영어능력시험)**
CAE는 **영어권 국가에서의 직장생활에 필요한 영어능력을 측정하는 준 고급 단계의 영어시험**이며, 이 시험을 통과한 사람은 아래의 CPE 시험에 도전해 볼 만하다. 그러나 이 시험은 대학에서의 학업보다는 직장생활에 필요한 영어를 측정하는 데 더 치중하고 있다. 이 시험은 CPE의 시험 수준이 너무 높아 FCE와 CPE 시험의 중간단계의 시험으로 도입된 것이다. CAE에서는 4가지의 언어영역 즉 읽기(Reading), 쓰기(Writing), 듣기(Listening) 및 말하기(Speaking)에 대한 측정뿐 아니라 문법 및 관용어법에 대한 측정도 병행하게 된다.

이 시험들은 나라마다 1년에 보통 2번 정도, 많아야 3번이고, 그에 따른 시험 준비과정도 학교마다 12주로 2번에서 많아야 3번이다.
만약 취업을 목적으로 한다면 한번 쯤 고급영어로써 도전해 볼만한 과정이다.

마지막으로 집중과정의 모든 프로그램은 일반영어과정처럼 매주 혹은 한 달에 한 번씩 자주 개강이 있는 것도 아니고, 학교에 따라서는 프로그램을 전혀 운영을 하지 않고 단지 일반영어로만 운영되는 학교들도 있다. 프로그램을 개강한다는 계획이 있어도 한 반 정원이 되지 않을 경우 폐강하는 경우도 비일비재하다.

02 이 **프로그램의 중요성**

이 프로그램은 현재 영어실력이 기초인 경우는 일반영어를 보통 6개월에서 9개월이면 충분할 것이다. 이후에는 집중과정에서 프로그램을 선정하여 본인의 향후 영어사용 목적에 맞는 공부를 해야 한다.

그러나 더 큰 문제는 만약 현재 영어실력이 중상급인 학생이 일반영어과정만 개설되어 있거나 집중과정의 운영이 부실한 학교에서 3개월 이상 수업을 진행한다면 난처한 경우를 당할 수 있다. 중상급 학생들은 길어야 일반과정 3개월 이후에는 취업에 맞는 비즈니스영어 혹은 캠브리지 등을 선택해야 하기 때문이다.

만약 대학입학을 목적으로 한다면 집중과정에 편성되어 있는 시험준비반을 선택하고 이후에 대학준비반을 선택해야 한다.

따라서 본인의 영어실력과 향후 목표가 국내에 와서 취업을 할 것인지 혹은 현지에서 대학 입학을 목적으로 하는지에 따라서 학교의 집중과정 프로그램 개설 여부에 따라 학교선택도 달라져야 할 것이다.

05 초급 영어실력, 영어연수 성공하기

처음 떠나기 전 영어실력에 따라서 현지에서 초급영어실력일 경우 일어날 수 있는 상황들을 생각해 보기로 하자. 어떻게 하면 본인의 영어실력에 따라 효율적인 시간을 보낼 수 있을지 판단해 보는 시간이기도 할 것이다.

지금 당장 영어회화학원이나 혹은 일반 영어학원에 등록해서 초급에 수업을 배정받았거나 토익시험을 보아서 500점이 넘지 않는다면 본인은 일단 영어에서 초급수준이라고 판단하면 좋을 것이다.

현지에 도착하면 누구나 레벨테스트를 하고 그에 맞는 반에 배정받는다. 레벨은 초급, 중급, 고급으로 미국의 학교들은 3~18단계까지 일반영어과정에서 차이를 보인다. 학교의 가장 일반적인 단계구성은 초급 2, 중급 2, 고급 2개의 단계로 총 6단계를 기본으로 한다. 만약 본인이 한국에서 초급실력이라면 당연히 현지에 가도 초급 1-2단계 사이에 들어갈 가능성이 높다. 하지만 가능하다면 한국에서 조금 더 영어준비를 해서 중급, 상급으로 시작한다면 본인이 원하는 영어실력을 얻기까지 많은 시간을 단축할 수 있다.

어학연수, 어느 정도하면 영어를 잘 할 수 있을까요? 혹은 연수 1년 정도면 영어가 좀 될 수 있을까요? 라고 묻는 학생들을 흔히 볼 수 있다.

하지만 여러 번 말했듯이 현재 영어실력에 따라서 이러한 상황은 확연히 달라질 수 있고, 현지에 가서도 어떻게 영어공부를 시작할 수 있는가 하는 문제도 달려 있다. 누구도 본인의 1년 후를 지금 예측해 보기란 쉽지가 않다.

하지만 초급 정도 영어실력인 사람도 1년 안에 성공할 수 있고 영어에서 자신감을 가질 수 있다면 그 또한 기쁜 일이 아닐 수 없을 것이다.

어떻게 하면 초급인 학생이 영어를 잘할 수 있을까?

일단 본인이 철저히 초급수준이라는 것을 인정하는 데 있다. 해외에 나가서 많은 주변에 친구들이 처음 연수를 하는 3개월 동안 적응기라며 펍에도 가보고 수업이 3~4시에 끝나면 잠시 놀다가 집에 들어와서 저녁에 밥 먹고 TV보다가 하루를 얼추 보내고 학교에서 내준 숙제를 적당히 맞추어가며 시간을 보낸다. 그러다 보면 어느새 시간은 3개월이 흘러가 있고 본인의 영어실력은 처음에 수직상승으로 발전하는가 싶더니만 어느덧 제자리인 것을 보게 될 것이다.

영어란 수직곡선을 그리면서 발전하는 것이 아니라 계단형으로 실력향상이 이루어지는 것이다. 본인의 꾸준한 노력과 처음에 기초를 충분히 만들어주는 게 상당히 중요하다. 만약 본인이 말하고 듣는 즉 회화 능력을 키우고 싶다면 더욱더 기초를 튼튼히 할 필요가 있다.

초보인 사람들은 처음 3개월은 '나 죽었소' 하고 학교에서 하루에 5시간 동안 배운 듣기, 쓰기, 읽기, 말하기, 문법, 어휘 등을 충분히 예습, 복습을 계속 열심히 하는 것이 가장 중요하다. 여기서의 '열심히' 의 정도는 우리나라 '고 3학생들이 공부하는 정도' 의 열심히를 말한다.

위와 같이 해외에 처음 나갔을 때 기초에 충실해야 하는 이유는 본인이 초급인 상태라면, 수업이 끝나고 쇼핑을 하거나 거리를 걷는다거나 저녁에 펍에 간다고 해도 간단한 인사 이외에 외국인과 이야기를 나눈다는 것은 쉬운 일이 아니기 때문이다. 행여나 본인이 아주 적극적인 사람이라서 많은 외국인과 대화를 하려고 노력한다 해도 간단히 몇 마디하고 나면 더 이상 할 말이 없어지고, 그래서 현지인과 친구가 된다는 것은 불가능에 가깝다는 것을 느끼게 될 것이다.

그렇다면 한국에서 "하루에 영어학원 5시간 종합반 강의를 들으면서 집에 왔다 갔다 하는 것과 해외에 있는 거랑 뭐가 다르냐?"고 반문할 것이다.

하지만 한국에서 초보과정을 따로 준비하지 않았다면 현지에 가서도 초보의 영어실력으로 현지생활에서 느낄 수 있는 것은 극히 제한적이라는 것이다. 그렇기에 초보라도 이미 미국에 가서 공부하겠다고 마음을 가졌다면 일단 떠난 다음, 처음 3개월간은 기초를 다지는 기간으로 모든 것을 잊고 정말 열심히 공부만 하라고 말하는 것이다.

지금까지 한 번만이라도 영어만을 위해서 하루를 온통 공부해 본 적이 있는가? 그렇다면 한번 도전해 보라.

현지에서 열심히 3개월이라면 그 효과는 한국에서의 10년 이상의 성과를 보일 수도 있다. 처음 3개월을 충분히 학교수업과 예습, 복습을 철저히 해서 중급 이상의 레벨로 성장할 수 있다면 어학연수에서 정말 성공하기 힘들다는 그 20% 내에 들어갈 수도 있지 않을까.

그만큼 처음 연수에서 3개월은 중요하다........ 이 점을 명심하기를 바란다........ 처음 3개월을 잘못 보낸다면 남은 9개월, 1년이 모두 수포로 돌아가는 경우가 비일비재하다. 한 번 더 짚고 넘어가자면 여기서 말하는 연수에서의 성공 20%는 영어가 중급과 상급 레벨인 학생들일 확률이 높으며, 그 만큼 초급 레벨의 영어수준인 학생들은 해외연수에서 성공이 쉽지 않다는 것이다.

이제 열심히 3개월을 보낸 후 중급반에 올라 왔다면 외국 친구들과 조금씩 대화도 나눠볼 수 있는 기회를 본인이 만들어 보라. 처음 충분한 기초를 만들어가는 과정을 '열심히 한 사람' 이라면 이미 외국 친구를 사귀고 있을 가능성도 클 것이다.

한국의 고 3처럼 3개월간 공부한 학생은 이미 잠꼬대(!)도 영어로 할 정도로 세상에 보이는 모든 것이 영어이기에 주변에 영어 친구가 생길 수 있는 상황으로 바뀔 수밖에 없을 것이다.

여기까지 초보 영어수련생들이 3개월을 보내는 과정에 대해서 이야기하였다.

다음은 초보과정에서 학교 선택의 중요성에 대해서 이야기할 것이다.

06 중상급 영어실력, 영어연수 성공하기

어학연수를 떠나기 전 영어실력이 중급(intermediate)일 경우 연수학교의 선정이나 성공연수의 준비를 어떻게 해야 하는지에 관한 것을 살펴볼 것이다.

먼저 우리들이 알아두어야 할 것은 현지 영어학원들은 한국의 영어학원에서 가르치는 영어시스템과는 그리 큰 차이를 보이고 있지 않다는 것이다. 어떻게 보면 한국 영어학원의 종합반 같은 느낌이 들게 한다.

한국에서 토익 기준으로 800점 이상 정도라면 현지 학교에서 보통 중상레벨 정도에 배치되는 것이 일반적이다.

일반영어과정에 중상급 정도라면 사실상 일반영어과정에서 2개월 정도만 공부한 이후 집중코스들로 옮겨주는 것이 계속 일반영어과정에 있는 것보다 향후 목표를 도달하기 위해 효율적이다.

집중코스는 두 부류로 나누어 볼 수 있다.

01 취업에 도움되는 토익, 비즈니스, 캠브리지 등의 시험준비반

집중코스에는 취업에 도움이 되는 토익, 비즈니스, 캠브리지 등의 시험준비반이나 수료과정들이 있다. 이러한 과정들은 향후 목표에 따라서 프로그램을 본인에 맞게 선정하는 것이 무엇보다 중요하다.

02 해외 대학을 위한 토플반, 대학원을 위한 GRE, GMAT 등

해외에서 대학입학이 목적인 토플반이나 대학원 진학 목적인 GRE, GMAT 등 이외에 많은 시험준비반을 선택해 볼 수가 있다. 보통 시험준비반의 기간은 정해져 있으나 본인이 만족하는 영어점수가 나와야 마치므로 사실상 프로그램기간을 임의로 정하는 수밖에 없다. 시험준비반은 각 과정이 최소 4주부터 최대 3~4개월까지 있는 것이 일반적이니 같은 기간과 과정을 반복하며 본인이 원하는 점수에 도달하게 되면 되는 것이다. 하지만 위와 같은 과정들은 언제나 개강이 있는 것이 아니므로 개강시기를 맞춰 계획을 잘 짜서 가지 않으면 또한 개강이 이루어지지 않는 소규모의 학원들도 상당수가 있다는 것을 감안해야 한다.

03 준비기간 & 문제점

한 가지 더 추가해서 말하자면 위의 비지니스과정과 캠브리지과정은 일반적으로 아주 극히 일부 대학 부설을 제외하고는 거의 사설학원에서 배울 수 있다는 것을 잘 생각해 보아야 한다.

간혹 안타까운 사실은 향후 취업 목적으로 하는 경우의 사람이 대학부설에서 일반영어과정 이상의 계획을 잡는다면 후에 큰 낭패를 볼 수도 있을 일이다.

이유는 대학부설에서는 수업방식이 아주 아카데믹해서 읽기, 쓰기 수업이 중점적으로 이루어지기 때문에, 향후 국내에서 많이 중요시하는 듣기와 말하기를 배우는 부분에서 사설어학원보다 많이 늦어질 수도 있다.

따라서 본인의 영어실력 확인 후에 학교 프로그램을 감안하여 학교선택을 잘 해야 하는 것이다. 또한 목적에 맞는 연수기간을 정하고 학교의 개설프로그램에 따라서 등록기간을 정해볼 수 있을 것이다. 영어실력이 중상급인 사람은 처음 학교를 선택할 때 일반영어과정 2개월 집중과정 3~5개월 사이로 잡는 것이 가장 좋다.

이러한 이유로 중상급 학생들이 한 학교에 6개월 이상 프로그램을 등록할 경우에는 해당학교 집중반 프로그램을 유념해서 보아두어야 할 필요성이 있다.

이런 부분을 감안하지 않는다면 처음 일반영어과정 3~4개월이 지난 후, 본인이 원하는 취업목적의 영어프로그램의 이해 없이 해외로 왔을 경우, 비지니스 영어와 캠브리지 시험준비과정의 시작일이 맞지 않거나 혹은 프로그램이 개설되어 있지 않다면 낭패를 보는 학생들이 생길 수도 있다.

04
미국 비자준비

미국 비자준비

준비된 자만이 성공적으로 어학연수를 할 수 있다. 이 장을 읽어본다면 어학연수 준비의 필요성을 느낄 것이다. 수만 명의 회원들을 보면서 느꼈던 성공연수를 위해 우리가 고려해야 할 부분을 짚어 본다.

01 우선순위 입학허가서 받기

미국 학생비자를 신청하려면 자신이 가고자 하는 어학기관에서 입학허가서 I-20를 신청하여 받아야 한다.

01 입학지원서(I-20)를 어떻게 신청해야 하는가?

보통 학교 사이트에서 How to apply라는 란을 찾을 수 있다.

I-20를 받기 위해서는 일반적으로 보증인의 은행잔고 증명서, 여권사본, 입학지원서, 입학금(VISA OR MASTER CARD)을 지불하거나 BANK CHECK로 보내야 한다. 학교에 따라서는 자체 사이트에 Financial Statement(재정보증서) 형식이 있다. 이 경우 다운받아 작성해서 보낸다. 그리고 성적증명서와 재학증명서 혹은 졸업증명서를 요구하는 경우도 있다. 학교마다 조금씩 다르니 How I apply란은 반드시 체크하기 바란다. 또한 홈스테이나 기숙사를 요청할 경우 소개비 혹은 디파짓을 학교 신청할 때 지불해야 한다. DHL(빠른우편)로 입학허가서를 받을 경우 Express E-mail 비용을 지불해야 한다.

02 입학허가서를 신청한 후 무엇을 준비해야 하나요?

학교에서 입학허가서(I-20)를 받으면 반드시 자신의 이름, 생년월일, 지원한 과정이 적절하고 알맞게 기입되었는지 반드시 확인해야 한다. 그 후 미국비자 인터뷰 예약을 준비해야 한다.

02 미국 학생비자 신청하기

01 미국 비자란?

비자(Visa)는 미국에 들어갈 수 있는 허가증이다. 미국비자의 종류는 여러 가지가 있는데, 대표적인 것은 다음과 같다.

- **B-1 / B-2 :** 상용(Business)/관광(Tour) 흔히 얘기하는 관광비자
- **F :** 학생비자
- **H :** 취업이나 산업연수생
- **J :** 문화교류비자

미국에서 학업하기 위해 받는 비자가 F-1비자다. 보통 5년인데 가끔 1년을 받는 사람도 있다. 학생비자도 최대 5년까지 받을 수 있는데, 기간은 영사관이 결정하고 통상 5년짜리 비자를 받는다.

⊙ 학생비자의 유효기간은 의미가 없다?!

학생비자는 학생(주당 18시간 이상 풀타임)으로 재학하는 동안은 비자 유효기간에 상관없이 1년이든 10년이든 합법적인 체류가 가능하다. 그것은 학업을 하는 동안 비자기간이 자동으로 연장되기 때문이다. 단, 학생비자 유효기간이 끝난 상태에서 미국을 벗어나면 재입국시 비자를 다시 받아야만 한다.

⊙ 관광비자로 학업을 할 수 있다고?!

관광비자라 하더라도 학업은 가능하다. 그러나 학업시에 다음의 문제점이 생길 수 있다.

- 주당 18시간 미만의 파트타임 수업만 가능하다.
- 대학부설에서는 관광비자를 받아주지 않는 경우가 대부분이다.
- 관광비자 학업시 추후에도 미국비자 받기가 힘들다.
  관광비자는 현지에서 수업을 받는 것은 합법이나, 비자법상은 불법이다. 따라서 정상적인 학업을 위해서는 학생비자를 받는 것이 좋다.

미국비자 인터뷰를 하기 위해선 주한미국대사관에 인터뷰 예약을 신청해야 한다. 위에서 말했듯 학생비자(F-1)를 신청하면 된다. 미국 비자 인터뷰는 학교 시작하기 120일 내로 인터뷰가 가능하다. 이점을 유의하여 입학 지원서가 도착할 시기에 맞추어 인터뷰 날짜를 예약한다. 만약 동반자가 있다면 직계가족 중 함께 선택하도록 한다. 동반자는 동반비자(F-2)로 예약된다. 온라인과 전화예약 중 선택하여 예약이 가능하고, 일반적으로 온라인 예약이 편리하다.

02 인터뷰 예약하기

학교에서 입학허가서(I-20)를 받으면 반드시 자신의 이름, 생년월일, 지원한 과정이 적절하고 알맞게 기입되었는지 반드시 확인해야 한다. 그 후 미국비자 인터뷰 예약을 준비해야 한다.

■ 인터뷰 온라인 예약하기

- 인터뷰 예약 사이트 : https://www.us-visaservice.com 접속 후 PIN(인터뷰 예약수수료)구매
- 인터뷰 예약 수수료 : 약 12,000원, 비자, 마스터카드만 결제가능
- 하나의 PIN 번호로 본인을 포함한 직계가족 5인 한 번에 예약가능
- 인터뷰 날짜 변경은 2회로 제한
- 정보 입력시 여권정보 등 체크항목은 수정이 되지 않으므로 유의
- 이 방법은 국내에서는 물론 해외에서도 이용가능

⊙ 전화 면접 예약 (기본 서비스만 이용시 : 19,000원) 003-08-131-420

전화상으로 상담원과 직접 통화하여 면접 가능 날짜를 선택할 수 있다. 같은 목적으로 가는 경우, 본인을 포함한 직계가족 5인까지의 날짜를 한 PIN 번호로 한꺼번에 예약할 수 있다. 온라인 예약과 다르게 이 서비스는 한국 내에서만 이용 가능하다. 부가 서비스를 이용하려면 9,000원을 추가로 지불하면 되는데, 부가 서비스는 전화 상담원이 신청자를 대신하여 비이민 비자 신청서(DS-156)를 작성해 준다. 그러나 신청서에는 인터뷰의 내용이 모두 함축되는데, 상담원은 신청자의 문제와는 상관없는 상담내용까지 그대로 신청서에 기록하기 때문에 추천하고 싶지는 않다. 이

렇게 작성한 신청서(DS-156)는 이메일이나 우편으로 신청자에게 배달된다. 이때 구비서류 중 하나인 DS-157의 빈 양식도 같이 배달된다.

⊙ 서비스 이용시 문제점이 발생하였을 경우

비자정보 인터넷, 전화서비스 이용시 문의점이나 PIN번호 관련 문제점이 발생하면, 서비스 제공업체인 Teletech Government Solutions(southkorea@us-visaservices.com)에 이메일이나, 급한 문의인 경우 전화 003-08-131-657(월-금 오전 8시 30분-5시, 미국과 한국 공휴일에는 휴무)로 문의한다.

03 서류 준비하기

미국비자로 학생비자 'F-1 Visa'는 영어권 국가 중 유일하게 인터뷰를 보는 비자이다. 때문에 다른 비자에 비해 어려운 부분이 많기 때문에 상황에 맞추어 서류와 인터뷰를 잘 준비해야 한다.

다음은 직업에 따른 비자 구비서류이다.

01 상황별 학생비자 구비서류

▥ 본인 준비서류(기본)
· 인터뷰 예약확인서
· 여권 - 6개월 이상 기간이 남아 있고, 서명란에 서명할 것
· 비자신청서(DS-156/DS-157/DS-158)
· 사진 1장 - 가로세로 5cm, 배경색은 흰색, 양쪽 귀가 보일 것
· 비자신청수수료 납부영수증 (US $131) - 구입처 : 신한은행
· SEVIS에 등록된 입학허가서 (I-20)
· SEVIS FEE 납부 영수증 (US $100)
· 필요하다면 TOEFL/GRE/GMAT 성적표와 포토폴리오
· 최종학교 성적/졸업 증명서(졸업한지 5년 이상 되었다면 필요 없음)
· 호적등본

02 비자 신청수수료 납부영수증이란?

쉽게 말해 우리가 사주나 점을 볼 때 비용을 지불하듯이 비자신청수수료 납부영수증은 대사관에서 인터뷰를 보는 비용을 내는 것이라 생각하면 된다.

이것은 국내 신한은행 어디에서든 구입이 가능하며 비용은 US $131이다. 신한은행에서 '비자인지대' 혹은 '비자 영수증'을 구입하러 왔다고 하면 된다. 구입한 영수증은 다음과 같이 DS-156 신청서 마지막 페이지에 풀로 붙이면 된다.

U.S. Department of State
SUPPLEMENT TO
NONIMMIGRANT VISA APPLICATION

PLEASE BE SURE TO SUBMIT THIS PAGE WITH THE REST OF YOUR APPLICATION

DO NOT MARK OR WRITE IN THIS SPACE

JIHYOUNG LEE

Barcode Number: J1A10X9XLF

29. Additional Visits to t	
30. Additional Visa Issu	
31. Additional Visa Refu	

FILTERED NAMES
When 'None' or 'NA' are ... ames Used', 'Other First
and Middle Names Used ... moved by the EVAF
software from the data i ... e or NA the post must
enter the name manuall ... ed:

- 'NONE' was remo ... ed)
- 'NONE' was remo ... le Names Used)

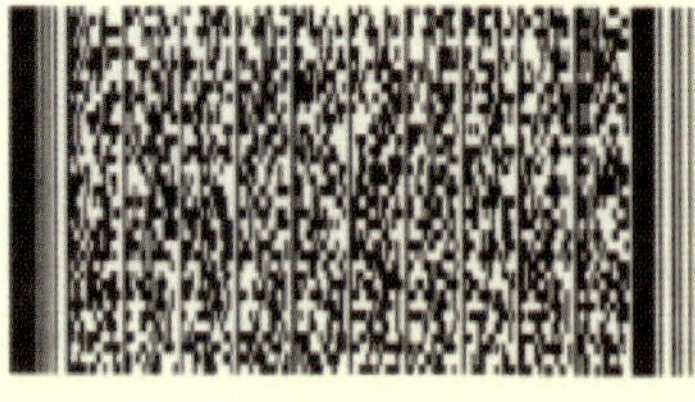

EVAF 02.02.02

03 비자신청서 (DS-156/DS-157/DS-158) 작성하기

학생비자를 신청할 때는 미국비자 신청서 중 DS-156,7.8 폼을 작성해야 한다. 비자 신청서는 인터뷰시 영사관이 처음으로 확인하는 서류로, 모든 인터뷰 내용이 함축되어 있는 만큼 신중하고 정확하게 작성해야 한다. 비자 신청서는 Adobe Acrobat Reader 프로그램이 설치되어 있어야 작성이 가능하며, DS-157.158은 다운로드 받아 직접 작성이 가능하고, DS-156은 전자 신청서이기 때문에 온라인 상에서 작성이 가능하다(저장되는 것이 아니니 틀리면 다시 작성한다).

■ **비자신청서 다운로드 받는 곳**
· 주한미국 대사관 : http://korean.seoul.usembassy.gov
· 다음 미준모카페 : http://cafe.daum.net/abroadstudy

■ **재직자일 경우 (본인 및 추가 재정보증인)**
재직기간/연봉/준비된 잔액에 따라 비자발급 여부는 결정이 될 것이다. 소득금액증명원상의 금액이 2,000만 원 미만이거나 재직기간이 1년이 되지 않는 사람, 급여가 통장으로 이체된 기록이 없는 사람은 거절 사유가 될 수 있으므로 주의한다.

• 재직증명서
• 경력증명서
• 소득금액증명원(최근 3년치)
• 갑종근로소득에 대한 원천징수 확인서 또는 월급명세서 최근 1년치
• 지방세 세목별 과세 증명서(재산이 있는 경우)
• 급여통장 사본 또는 원본 : 3-6개월 내역
• 기타 재정잔고를 증명할 수 있는 예금/적금/보험/주식의 영문잔액증명서
• 직장의료보험증 사본
• 명함
• 자격증 및 면허증(전문직 : 의사, 변호사 등)

◐ 조건에 따른 추가 첨부 서류
• 휴직증명원 혹은 복직예정증명서
• 학원수강확인서
• 공무원증 복사본(공무원)
• 회사신분증(상장회사)
• 월세계약서(임대소득원이 있는 경우

■ 재정보증인이 사업자인 경우

사업자 운영기간/소득금액증명원과 납세사실에 기재된 수치에 따라 비자발급 여부가 결정된다. 1년간 소득금액증명원상의 금액이 2,000만 원 미만이라면 해당 내용을 보완할 수 있는 추가보완서류 준비와 소득근거자료에 대한 설득력 있는 인터뷰를 준비해야 할 것이다.

- 사업자 등록증명원
- 소득금액증명원 최근 3년치
- 납세사실 증명원
- 지방세 세목별 과세 증명서
- 주거래통장 및 기타 재정잔고를 증명할 수 있는 예금/적금통장, 기타 보험상품
- 직장의료보험증 사본
- 자격증 및 면허증 (전문직 : 의사, 변호사 등)
- 명함
- 호적등본

○ 조건에 따른 추가 첨부 서류
- 부가가치세 과세 표준증명원(소득금액증명원상의 금액이 2000만 원 이하인 경우)
- 월세계약서(임대소득원이 있는 경우)
- 회사 업종에 따라 회사안내 팜플릿

■ 재정보증인이 농/축/수산업에 종사자인 경우

사업장을 가지고 공식적인 소득신고를 하는 경우라면 크게 문제가 되지 않지만, 그렇지 못한 경우라면 일반신청자들에 비해 다소 불리하게 작용할 수 있으므로 신청자가 농/축/수산업 관련분야에서 일을 한다는 위의 증빙서류를 조건에 맞게 잘 준비하도록 한다.

- 조합원 증명서 (농 · 축 · 수협에서 발행)
- 추곡수매대장 혹은 경매, 매입, 매출 자료
- 농지원부 및 토지대장
- 거래통장 복사본 (주 거래 은행의 통장, 적금통장, 보험증권 등)
- 지방세 세목별 과세 증명서
- 납유실적증명원
- 가축보유현황증명원
- 가축거래증명원

■ **재정보증인이 종교계 종사자인 경우**

공식적으로 소득신고를 하는 종교계근무자라면 크게 문제가 되지 않지만, 일반적으로 종교계근무자는 소득신고를 하지 않기 때문에 해당 내용에 대해 신청자의 국내 사회적/경제적으로 안정된 기반을 증명할 수 있는 서류 준비 여부가 비자발급의 관건이다. 세무서에서 소득금액증명원이 발급되지 않기 때문에 급여통장이라도 보여줄 수 있다면 비자발급의 가능성은 높아진다. 그리고 교회종사자의 경우에, 현지 취업이나 장기 체류가 용이할 수 있다고 영사들이 많은 문제를 삼고 있으므로 해당 부분에 대한 철저한 인터뷰 준비가 요구된다.

- 노회 소속증명서 / 재직증명서
- 사례비 내역서
- 사례비 통장
- 은행잔고
- 지방세 세목별 과세증명서
- 교회주보
- 사찰등록증
- 승려증
- 승적증명원
- 주지임명장

04 학생비자 서류준비 노하우

01 학생비자 서류준비 노하우

준비하기 이전에 미리 알아야 할 것들을 챙겨보자.

⊙ **소득금액증명원?**

소득금액증명원이란 비자를 신청함에 있어 가장 중요한 서류라고 해도 과언이 아니다. 소득금액증명원이란 쉽게 풀이하면 국가에 신고한 소득과 세금을 냈다는 것을 증명하는 서류다. 이것은 신청자의 소득을 증명하는 공문서이기 때문에 영사관이 전적으로 신뢰하는 것이다.

흔히 돈(잔고)이 많으면 미국비자가 쉽게 나온다고 생각하는 사람들이 의외로 많다. 그러나 미국비자에 대해 조금만 관심이 있는 사람이라면 수입이 많거나 돈이 많은 사람들도 미국비자가 거절되는 것을 어렵지 않게 볼 수 있을 것이다. 돈을 많이 벌고, 학업하기에 전혀 문제가 없는데 이런 일이 생기는 이유는 무엇일까? 그 주요 원인 중 하나가 '소득금액증명원' 이라는 것이다.

[별지 제25호서식]

<table>
<tr><td rowspan="2">발급번호</td><td colspan="2" rowspan="2">소 득 금 액 증 명
[0] 종합소득세 신고자용
□ 연말정산한 근로소득(사업소득)자용</td><td>처리기간</td></tr>
<tr><td rowspan="2">즉시</td></tr>
<tr><td>　</td></tr>
</table>

○ 납세자 인적사항

주 소			
성 　 　 명		주 민 등 록 번 호	
용 　 　 도		수 　 　 량	1

○ 확인사항 (단위:원)

소 득 구 분 귀 속 년 도	원천징수의무자 법인명(상　호) 사업자등록번호	소 득 금 액	총결정세액
종합소득세 2002		6,569,244	278,343
합계 ==>		6,569,244	278,343

위의 사실을 확인한 바 틀림없음을 증명합니다.

2003 년 　 　 5 월 　 　 29 일

　　　세 무 서 장 (인)

담당 부서	납세서비스센터	1. 소득금액증명은 아래의 소득금액에 대해서만 발급됩니다. - 종합소득세를 신고한 개인납세자 : 종합소득세 확정신고분 소득금액 - 기타 개인납세자 : 연말정산한 근로소득금액 또는 사업소득금액
책 임 자		2. 원천징수의무자란은 근로소득 또는 사업소득을 연말정산한 회사(근무처)를 　기재합니다.(종합소득세를 신고한 개인납세자는 작성하지 않습니다.)
담 당 자		3. 소득금액내용 - 종합소득세 신고자 : 종합소득금액(결정소득금액) - 연말정산 근로소득자 : 과세대상급여액 - 연말정산 사업소득자 : 당해년도 소득금액(사업소득금액)
연 락 처		

소득금액증명원 신고액수는 세무사를 통하면 얼마든지 조절이 가능하다. 예를 들어 실제로 버는 수입이 월 500만 원이라면, 정상적으로 소득을 신고하였다면 소득금액증명원에 1년치의 금액이 5,500만 원이 나와 있어야 한다. 하지만 적게 신고할 경우 1년에 500만 원 이하로도 신고가 가능하다. 덩달아 소득신고를 적게 하는 회사에서 일을 하는 재직자들은 세금신고가 안 되거나, 세금신고가 급여보다 적게 되는 경우가 많다. 소득신고를 많이 하면 세금이 많이 나가기 때문인데, 실소득이 높아도 소득신고를 제대로 하지 않았다면 미국비자 발급에 문제가 있다.

⊙ 재정보증이란?

미국비자에서 재정보증인이란 말 그대로 신청자의 재정을 보충해 줄 사람을 의미한다. 흔히 한국 사람들은 재정보증인하면 의심하는 경우가 많다. 이것은 보증 때문에 우리 사회 전반에 팽배해져 있는 피해의식 때문에 보수적인 사람들은 더욱 미심쩍어 한다. 하지만 신청자 및 집안의 경제력을 서류상으로 보여주는 것이기 때문에 우리의 재증보증과 같이 불이익이 따를 일은 없다. 실제로 인터뷰가 끝나면 여권과 신청서를 제외한 모든 신청서류를 돌려준다. 재정보증인은 신청자와 호적등본상 증명이 가능한 친인척만 가능하며, 증명은 호적등본상의 이름을 일치시키는 것으로 가능하다. 예를 들어 이모가 재정보증인이면 이모의 호적등본(제적된 자 포함)과 어머니의 호적등본(제적된 자 포함)을 떼면 된다. 그렇게 되면 각 호적등본에 이모, 어머니, 신청자의 이름이 모두 나타나게 됨으로써 증명이 된다.

02 케이스별 서류준비 노하우

⊙ 재정보증인이 재직자나 사업자일 때

소득금액증명원의 소득내역이 2,500-3,000만 원 이상이 되어야 안정적이다. 또한 재직기간이 최소 1년 이상 되어야 문제가 없으며, 기간은 길면 길수록 좋다. 예외적으로 신청자가 삼성, 현대 등 대기업에 종사하거나 공직에 있는 사람들은 거의 통과된다.

⊙ 소득금액증명원의 소득이 없으나 실소득은 높은 사람

이럴 경우 실소득을 증명할 수 있는 서류들을 찾아 제출해야 한다. 영사관이 소득금액증명원을 중시하는 이유는 한 가지다. 공문서의 신뢰성 때문이다. 그러므로 소득금액증명원이 아니더라도 다른 서류로서 실소득을 증명하고, 인터뷰에서 신뢰감을 줄 수 있다면 소득문제가 잘 해결되는 케이스가 많다. 물론 소득금액증명원의 소득내역이 적을 경우 영사관이 색안경을 끼고 인터뷰를 하기 때문에 인터뷰가 까다로운 것이 사실이다. 그래서 본인의 상황에 맞는 예상 질문 및 인터뷰 준비를 하여 가는 것이 좋다.

*** 실제소득을 증명할 수 있는 서류들**
소득을 입금한 내역이 있는 통장, 거래명세서, 거래영수증, 장부, 가계부 등 상황에 따라
변동된다.

⊙ 소득금액증명원의 소득 및 실소득이 모두 없는 사람

이 경우가 신청자의 상황이라면 정식으로 소득을 신고하는 안정적인 직장에서 1년
이상 재직 후 비자를 신청하는 것이 좋다. 만약 재정보증인이라면 소득에 일정 기
준 이상인 사람을 재정보증인으로 세워야 한다.

⊙ 재직자나 사업자가 아니어도 상관없는 경우

재정보증인이 부동산을 많이 소유하고 임대를 5채 이상 한다면 재정보증인으로서
첨부가 가능하다. 물론 임대사업자 등록을 했다면 더 좋겠지만, 그렇지 않은 사람
들이 많기 때문에 생략한다. 이 경우 임대차계약서, 지방세 세목별 과세증명서를
첨부하면 된다.

03 기타 체크사항

⊙ 학생 신분이라고 안심할 순 없다

학생 신분이라 해도 휴학생이거나 성적이 나쁘다면 체크해 볼 필요성이 있다. 휴학
생의 경우 휴학기간이 1년 이상이면 공백 기간에 대한 증명이 필요하다. 이 경우 휴
학한 사유와 연관성이 있어야 한다.
예를 들어, 휴학기간 동안 연수준비를 하기 위해 영어학원을 다녔다면 문제가 안
되지만, 휴학 사유와 상관이 없이 아르바이트를 하였거나 아무것도 하지 않았다면
문제가 된다.
성적은 학생의 신분으로 가장 중요한 것이기 때문에 성적이 나쁘면 거절될 확률이
높다. 한국 학교에서 성적이 좋지 않은 학생이라면 현지에서도 공부를 열심히 한다
는 보장이 없기 때문이다.

⊙ 학생비자를 받는 최소한도의 잔고

특정한 기준은 없지만 학생비자를 받을 때는 최소 3,000만 원 이상의 잔고를 권한
다. 물론 잔고가 적어서 거절되는 것은 아니지만, 보편적인 체류기간 및 학비, 생활
비 그리고 여유자금을 보았을 때 이 정도가 적당하다. 돈은 많으면 많을수록 좋으며
주식, 증권, 펀드, 적립식보험, 예금, 적금 등 모든 잔고증명서의 첨부가 가능하다.

⊙ 갑자기 큰돈을 채우는 사람들

상황에 따라 영사관이 통장 원본을 확인하는 경우가 있는데, 통장의 잔고가 없다가 갑자기 큰돈을 채우는 사람들이 있다. 이 경우 확실한 돈의 출처를 밝히지 못하면 비자를 받기 위해 큰돈을 대체했다고 판단되어 거절사유가 될 수 있으니 주의한다. 기본적으로 3-6개월 동안의 꾸준한 내역이 있어야 한다.

⊙ 아무 서류 없이 인터뷰로 비자받는 사람들

미국비자를 준비하는 사람이라면 서류가 없어 거절될 상황이 뻔한데도 불구하고 비자를 받는 사람들이 있다는 이야기를 접했을 것이다.

어찌 그런 일이 가능한가?

그것은 결과적으로 영사관이 인터뷰를 보고 영사의 주관으로 비자발급을 결정하기 때문에, 서류가 나쁘거나 악조건의 상황 속에서도 특유의 매력이나, 세일즈 능력 등으로 영사관에게 어필하여 비자를 받는 사람들이 많다. 또한 그날그날 인터뷰를 봐주는 영사관의 기분도 한몫을 차지할 수 있다. 만약 인터뷰를 보기 직전에 앞사람이 영사관과 크게 싸웠다면…?

그 영사관의 다음 인터뷰가 어려울 것은 불 보듯 뻔하다. 이럴 때는 다시 인터뷰를 보는 등 처세에 맞는 대처가 필요하다. 사실 비자발급 조건이 어려운 사람들은 전문적인 대행 기관에서 함께 준비하는 것이 좋다.

여러 가지 상황을 고려하여 현재 각 여행사와 유학원, 비자 대행사 등에서 비자 대행서비스 중 인터뷰 교육을 포함한다. 요즘은 형식적인 서류준비만 해주고 인터뷰 교육은 없는 불성실한 대행사들이 많다. 비용이 싼 곳보다는 좀 비용을 지불하더라도 전문적이고 평가가 좋은 곳에서 대행을 하는 것이 유리하다.

05

SEVIS 등록하기

학교에서 입학허가서(i-20)를 받았다면 SEVIS를 등록할 차례다.

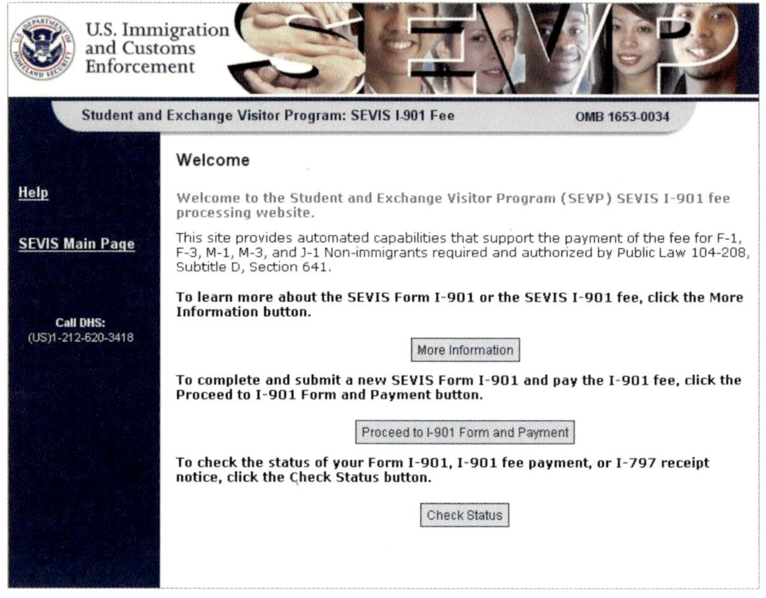

01 SEVIS란 무엇인가?

SEVIS란 Student and Exchange Visitor Information System의 약자이다. 2003년 2월 15일부터 시행된 유학생 관리 시스템(유학생 신상정보 추적시스템)이다. 유학비자(F, M)와 문화교류(J) 비자로 미국을 입국하는 모든 사람들은 이 SEVIS 전산 시스템으로 미 이민국에서 그 신원을 관리하게 된다.

02 SEVIS를 등록하지 않으면 안 되나요? 몇 번 등록해야 하나요?

SEVIS를 등록하지 않으면 비자 신청이 불가능하므로 반드시 등록해야 한다. SEVIS FEE는 학생비자를 받을 때 한 번만 지불하면 된다. 학생비자 신청자만 지불하는 것으로 학생비자의 동반비자 발급자는 지불할 필요가 없다. 단, SEVIS가 정지되었을 경우에는 SEVIS를 새로 등록해야 한다. 예를 들어, 학업 종료 후 미국 재입국을 위해 학생비자를 새로 받을 때의 경우이다.

03 SEVIS FEE 지불방법

SEVIS FEE는 인터넷이나 우편을 통해서만 지불할 수 있다. 보편적으로 인터넷을 통해 지불하며 우편은 불편하기 때문에 보통은 사용하지 않는다. SEVIS FEE는 미화 100달러이다. 인터넷으로 지불시 www.FMJfee.com을 방문하여 비자, 마스터카드 또는 아메리칸 익스프레스 카드로 결제가 가능하다.

> ※ 지불방법이 어렵다면 다음 미준모카페 (http://cafe.daum.net/abroadstudy)의 "그림으로 따라 하는 SEVIS FEE 납부방법"을 참고한다.

04 SEVIS FEE 지불시 주의사항

SEVIS FEE 지불 후 지불영수증을 반드시 보관해야 한다. SEVIS FEE 지불 영수증은 마지막 페이지에서 프린터로 출력할 수 있고, 인터뷰시 프린트한 영수증을 가져가면 된다. 신청 중에 영수증 원본 신청을 하면서 빠른 신청을 하여 비용을 지불하게 되는데, 일반 우편(무료)을 선택하면 쓸모없는 지출을 줄일 수 있다. 프린트 한 SEVIS FEE 지불 영수증은 인터뷰를 볼 때 서류와 함께 제출하고, 추후 SEVIS FEE 영수증 원본이 우편으로 도착되면 프린트한 영수증과 같은 것이므로 보관하거나 처분한다.

06 비자 인터뷰준비 & 노하우 _ 미국 학생비자 인터뷰의 4단계 원칙

대사관에서 주체하는 비자 관련 세미나에 참석했던 적이 있다. 영사의 말에 의하면 3가지를 염두하고 비자를 준다고 한다.

첫째, 재정보증인의 재정능력
둘째, 이 사람이 다시 한국으로 돌아올 사람인가? 혹시나 미국에서 정착을 하고자 하는 것은 아닌가.
셋째, 정말 이 사람에게 영어가 필요한가 하는 것이다.

이것만 판단되면 45초 안에 영사의 머릿속에는 비자를 줄 것인가 주지 않을 것인가가 결정된다. 그러니 여러분은 위의 내용을 반드시 염두에 두고 인터뷰에 임하도록 한다. 인터뷰의 핵심 포인트를 짚어보았으니 미국 학생비자 인터뷰의 4단계 원칙을 살펴보자!

01 1단계 _ 첫인상과 태도

미국비자 인터뷰는 일종의 면접이다. 영사관의 주관에 따라 비자가 결정된다고 해도 과언이 아니므로 결과적으로 영사관을 설득해야 한다.

면접에서는 서류도 중요하지만 가장 중요한 것 중의 하나가 신청자의 태도이다. 자신의 기분에 따라 인상을 구기거나, 거만한 태도, 직설적인 태도로 인터뷰를 본다면 실제로 문제가 없는 서류임에도 불구하고 거절되는 사람들이 실제로 많다.

그러므로 맨 처음 인사하는 것부터 대답할 때, 지적할 때 과연 어떻게 대답을 할 것인가, 미국 영사가 비자를 거절하거나 부정적으로 질문했을 때 어떻게 대처할 것인가에 이르기까지, 미리 인터뷰 답안을 준비해야 당황하지 않을 것이다.

일순간 당황하여 답변을 얼버무리거나 정확한 대답을 하지 못할 경우, 거짓으로 판단할 수 있기 때문에 질문에 또박또박 자신감 있게 말하도록 한다. 그리고 항상 웃는 얼굴로 기분 좋게 보도록 한다. 인터뷰시 문제가 되는 부분을 집중적으로 물어볼 확률이 높다. 사전에 비자 대행사 등을 통하여 자신의 문제점을 파악하고 가는 것도 현명한 방법이다.

02 2단계 _ 유학목적 명확히 제시

학생비자에서 첫 번째로 중요한 것은 유학의 목적이다. 어학연수가 목표라면 영어가 필요한 이유를, 대학교 입학이 목표이면 대학을 가야 하는 당위성을 설득력 있게 제시한다. 예를 들어, 어학연수 학생은 자기계발과 졸업 후 취업을 목적으로 간다고 한다든지, 대학입학이라면 대학과정이 나에게 필요한 이유와 대학졸업 후에 어떤 것을 할 것인지 구체적이고 명확하게 제시할 수 있어야 한다.

03 3단계 _ 귀국보증

유학 후에 한국으로 돌아올 것이라는 귀국보증을 확실하게 제시한다. 영사관은 신청자가 미국에서 불법적인 체류나 일을 할 가능성이 있는지 중점적으로 체크한다. 실제로 미국에는 수많은 불법체류자들이 한국보다 보수가 좋은 일을 찾아 불법으로 일을 하고 있다. 귀국보증을 제시하는 것은 여러 가지 방법이 있다.

한 가지 예로 직장인은 복직예정증명서를 첨부하여 귀국보증성을 보여주는 것이다. 물론 정황에 맞춰 첨부해야 하고 별다른 비전성이 없는 직장에 연수 후 복직을 한다고 하면, 영사관에게 오히려 의심을 받을 것이다. 이외에도 본인의 상황에 맞는 계획을 구체적이고 설득력 있게 제시하는 것이 중요하다.

04 4단계 _ 재정보증인

비자자에서 재정보증인의 역할은 위의 사항과 함께 매우 중요한 요소다. 좋은 재정보증인의 조건은 나이와 지위에 맞는 안정적이고 꾸준한 소득이 있는 사람이다. 소득은 앞서 보았듯이 소득금액증명원상에 신고된 소득이다. 사업자라면 소득신고를 많이 한(즉 수입이 많은) 사람이 좋으며, 재직자라면 공무원, 교수와 같이 공직종사자나, 대기업 종사자로서 안정적인 직장에서 안정적인 소득을 얻고 있는 사람이 좋다. 이직을 많이 하거나, 직장에서 일한지 1년 미만이거나, 소득 신고가 되지 않은 직장인은 재정보증인으로 적합하지 않다. 본인이 재직자이거나 일을 하고 있다면 재정보증인을 세울 필요 없이 스스로 재정보증이 가능하다. 하지만 가족 및 친인척의 재정보증인을 추가하는 것이 안정적이다.

학생의 경우 스스로 유학경비를 조달할 능력이 없기 때문에 친가족의 재정보증인이 무엇보다 중요하다. 간혹 친인척의 재정보증인만으로 안 되느냐고 하는 사람들이 있는데, 그 방법도 가능성은 있지만, 결과적으로 가족의 서류가 없으면 거절 위험성이 높다. 가족이야 말로 가장 강력한 신뢰관계를 형성하기 때문이다.

참고할 점은 재정보증인은 보험의 경우와는 아주 다르다. 보험은 물증이 필요하고 손해가 발생하지만, 미국비자에서 재정보증인은 신청자가 연수할 비용이 없다거나 불시에 도와줄 사람이 있다는 것을 증명하는 서류일 뿐이다.

TIP

*** 초, 중, 고생 조기유학생 비자 준비**
초, 중, 고생의 경우 학업 및 현지생활에 적응하지 못하고 중도에 학업을 포기하는 경우가 많기 때문에 영사관의 인터뷰에서, 신청자의 경제력보다는 학생의 자질을 많이 테스트한다. 이 부분에서 일반신청자에 비하여 거절률이 높다. 내성적 성향의 아이는 자신감을 가질 수 있는 사전준비가 필요하고, 현지에서 학생을 케어해줄 수 있는 가디언 또한 중요하다. 추가로 아이가 영어를 잘 한다면 인터뷰에 도움이 된다.

TIP

*** 인터뷰 예상 질문**
❍ 가장 많이 하는 질문
  · 왜 미국에 공부하러 가려고 하는가?
  · 직업은 무엇인가?
  · 재정보증인은 무엇을 하는가?
  · 영어 공부한 후 무엇을 할 예정인가?

❍ 그 외의 예상 질문 정리
  · 미국에 얼마나 머무를 예정인가?
  · 언제 미국에 도착하려고 하는가?
  · 본인이 과거에 미국 비자를 신청한 적이 있는가?
  · 미국 이민 신청을 한 적이 있는가?
  · 어떻게 이 학교를 알았는가?
  · 왜 이 학교를 선택했는가?
  · 어디에서 거주하는가?
  · 장래 희망은 무엇인가?
  · 전공하고 싶은 학과는?
  · 학업 계획은?
  · 공백 기간 동안 무엇을 하였는가?
  · 왜 좋은 직장을 그만두고 유학을 가려고 하는가?

*** 인터뷰 전 체크포인트**

◐ 현지에 아는 사람이 있는 경우

현지에 아는 사람이 있을 경우 인터뷰가 까다롭다. 특별한 상황이 아니라면 없다고 하는 것이 좋지만 상황에 따라 달라질 수 있다. 예를 들어 미국에 자주 출입하여 현지에 아는 사람이 있어 보이는 상황에서 없다고 한다면 문제가 될 수 있다. 또한 친척의 경우라면 드물지만 영사관이 조회하여 물어보는 경우도 있어 사전에 대비를 해야 한다.

◐ 영어인터뷰?

영어로 인터뷰를 준비해야 하느냐고 걱정하는 사람들이 많은데, 영어로 인터뷰를 보는 경우는 영어가 필요한 프로그램이나 과정에 들어갈 경우이다(예를 들어 대학과정, 테솔, 그 외 영어로 수업이 진행되는 과정). 보통 영사관 옆에 통역관이 있으며, 통역관이 없는 경우 한국어를 할 줄 아는 영사관이기 때문에 한국어로 인터뷰를 본다.

◐ 미국에 관광을 한 적이 있는 사람

미국에서 관광비자로 1~2달 이상 체류하였을 경우 문제가 될 수 있다. 현지에서 일을 하거나, 공부를 하였거나, 아는 사람 등을 문제 삼을 수 있기 때문이다. 일전에 미국비자를 가지고 미국을 여행한 경험이 있는 경우 여행했던 기간을 잘 체크해 보도록 한다.

◐ 이전에 어학연수 경험이 있는 사람

어학연수를 목적으로 학생비자를 신청하는데 6개월 이상 영어연수를 한 경험이 있는 사람들은 영어를 공부한 상태에서 다시 영어를 공부한다는 것을 문제 삼는 경우가 많다. 학부과정, 조건부 입학을 하거나 특별한 상황이 아니라면 주의해야 한다. 또한 이전의 어학연수 학교의 출석률 및 성적도 중요하게 작용한다.

07 주한 미국대사관 인터뷰 절차

01 찾아 가는 길

◉ 미국대사관은 지하철 5호선 광화문역에서 내려 2번 출구로 나가면 된다. 걸어서 멀지 않은 거리에 있으므로 찾는 데는 어려움이 없다. 지방에서 오는 경우는 서울역에서 택시를 이용하면 기본요금 정도이다.

◉ 대사관에는 많은 신청자들이 기다리고 있으므로 되도록 일찍 도착하도록 한다. 예약시간이 있지만 선착순으로 입장이 가능하므로 예약시간보다 먼저 가서 기다린다.

◉ 기다리는 동안 비자를 수령할 주소로 택배신청서를 작성한다. 아주머니들이 나누어 주므로 한 장 받아서 미리 작성한다.

◉ 차례가 되면 입구에서 간단한 신원확인을 한 후 오른쪽 입구 문을 열고 들어가라고 할 것이다. 문을 열고 들어가면 먼저 보안검색을 한다. 핸드폰이나 PDA와 같은 전자기기의 전원은 끄고 맡긴다. 소지품은 간이검색대에 올려놓으면 엑스레

이로 검사를 한다. 이때까지 택배신청서를 준비하지 못했으면 대사관 내에 비치되어 있는 택배용지를 받아 작성하면 된다(택배회사 직원이 도와준다).

⊙ 보안검색 후 다시 줄을 서서 기다렸다가 준비한 서류를 창구에 제출한다. 간단한 서류점검을 한 후 '비자신청서'에 바코드 스티커를 붙여 주면서 모든 서류를 가지고 3층으로 올라가도록 한다(전자 비이민신청서로 작성하신 분들은 바코드가 이미 인쇄되어 있으므로 스티커를 붙이지 않는다). 3층에 올라가면 대사관 직원들의 안내에 따라 행동한다. 먼저, 준비한 서류들을 창구에 접수하고 지문인식 기계에 검지손가락을 올려놓고 지문을 찍는다. 접수한 서류들은 비닐 파일에 번호표와 함께 넣어 다시 신청자에게 되돌려준다. 이 비닐 파일을 가지고 2층으로 내려간다.

02 인터뷰

⊙ 실제로 인터뷰는 2층에서 실시된다. 3층에서 받은 비닐 파일의 색상에 따라 2층 내부가 Green, Blue, Pink, Yellow 존으로 나뉘어 있다. 그러므로 자신이 가지고 있는 비닐 색상과 같은 구역의 대기석에서 기다린다. 되도록 앞줄에 앉는 것이 좋은데, 인터뷰 창구와 대기석이 가까워서 영사와 대화하는 소리가 다 들리기 때문에 참고할 수 있다.

⊙ 자신의 번호가 전광판에 표시되면 해당 창구에서 자신의 비닐 서류를 제출한다(빨간색 원을 참고). 밝은 표정으로 인사하고 영사의 질문에 답변한다. 창구에는 미국인 영사관과 한국인 통역관이 한조를 이룬다. 인터뷰시에는 가능한 짧고 명쾌하게 답변한다. 영사는 주로 비자신청서에 적혀 있는 내용들을 참고하므로 답변은 신청서에 적혀 있는 것과 동일해야 한다.

⊙ 성공적으로 인터뷰가 끝나면 제출한 서류 중에서 여권과 비자신청서를 제외한 나머지 서류는 신청자에게 돌려준다. 돌려받은 서류는 집으로 가지고 가고 여권이 오기만을 기다리면 된다(1층에 맡겨놓은 핸드폰은 찾아간다).

03 여권배달

⊙ 보통 여권은 1주일 이내에 수령지로 배달되는데, 택배비는 착불이므로 서울은 6,000원, 경기도는 8,000원, 지방은 10,000원이고 동반자가 있는 경우에는 1인당 2,000원의 추가비용을 납부한다.

⊙ 비자를 받으면 영문이름과 여권번호, 생년월일, 성별 등을 반드시 체크하도록 한다. 뒤늦게 인천공항에 가서야 스펠링이 잘못된 걸 알게 되어 출국하지 못하는 경우가 있을 수 있다. 반드시 비자의 내용과 여권상의 기록이 일치하는지 확인! 또 확인해야 한다.

08 미국비자에 관한 잦은 질문들(FAQ)

01 I-20를 받고 사정이 생겨서 학교 시작일보다 늦게 가야 하는 경우?

반드시 I-20를 다시 받아야 한다. 처음 받은 I-20와 새로 받은 I-20 두 개를 함께 가지고 들어가면 된다.

02 대사관의 실수로 비자 내용이 잘못된 경우?

학교에 메일을 보내 레터를 받아야 한다. 이 경우는 2-3일 정도 늦게 가는 경우이다. 입국할 때 문제가 될 수 있기 때문인데, 왜 입국을 늦게 하게 되는지 레터를 받으면 된다.

03 F-2 비자로 동반을 할 경우 학업이 가능한가?

사실 합법은 아니지만 영어를 센터에서 공부하는 것은 일반적이기도 하다. 합법으로는 동반하는 사람도 학업을 하고자 한다면 함께 학생비자를 받아야 한다. 특히 영사관에서는 동반 비자를 받은 사람이 대학진학을 하고자 한다면 학생비자를 반드시 받아야 한다고 말할 것이다.

04 비자를 받으면 언제부터 출국이 가능한가?

출국은 수업 시작 전 1달 내에만 가능하다.

05 학생이 공부 도중 한국에 들어오면 비자를 다시 받아야 하나?

미국에서 학업을 하다가 한국에 입국 했을 경우 5개월 내에 다시 출국을 하면 비자를 받지 않아도 된다. 하지만 입국해서 학업을 하고자 하는 학교나 센터의 입학허가서가 필요하다. 만약 5개월 이후에 출국하면 비자를 다시 받아야 한다.

06 유학비자 (F1/ M1) 및 동반자 비자(F2/M2)는 언제부터 신청할 수 있나?

미국 학교에서 발급받은 SEVIS I-20에는 등록일(report date)이 기재되어 있다. 이 등록일로부터 120일 이내에 유학비자 및 동반자 비자를 신청할 수 있다.

07 미국비자 서류 공증?

미 대사관에 제출하는 비자 신청서류는 별도의 공증을 받으실 필요가 없다.

08 모든 서류는 영문으로 번역해야 하나?

비자법이 개정되어 모든 서류는 국문, 영문 상관이 없다.

09 미국에서 비자변경(관광 → 학생)을 하였을 때

관광비자 발급시 관광을 약속하게 된다. 하지만 변경하면 영사와의 약속을 어기고 미국에서 비자변경을 한 기록 때문에 다시 비자를 발급받기가 상당히 까다로워지기 때문에 신중하게 판단해야 한다.

10 신한은행에서 구입한 VISA FEE ($131)은 환불이 가능한가?

VISA FEE는 구입처인 신한은행 혹은 미 대사관 어디에서도 환불은 불가능하다. 영수증은 구매일로부터 6개월간 유효하며, 그 6개월 동안 비자 발급을 신청할 때 이 수수료 영수증을 사용할 수 있다.

11 택배신청서는 언제 작성하나?

택배신청서는 대사관에서 영사와의 인터뷰를 무사히 통과하면 여권이 배달될 때 필요한 것이다. 신청서는 외부에서 미리 작성해서 갈 수도 있지만, 해당 내용은 인터뷰 당일 대사관에 입장하면 직원의 안내에 따라 작성이 가능하다. 미준모 회원들은 미준모 사무실에서 받아갈 수 있다.

12 18시간 미만 수업신청도 학생비자 발급이 가능한가?

학생비자는 반드시 어느 나라나 Full-time으로 등록이 되어야 한다.

13 예약된 인터뷰 시간은 반드시 정확하게 지켜야 하나?

대사관 인터뷰는 오전과 오후로 나뉘어져 진행된다(단, 수요일은 오전만 인터뷰가 진행된다). 오전 인터뷰는 08:00-10:30, 오후 인터뷰는 12:00-14:30까지라고 생각하면 된다. 해당 시간대에는 선착순 입장으로 인터뷰가 진행되기 때문에 반드시 예약한 시간까지 도착할 필요는 없다. 단, 오전에 인터뷰를 예약하면 오후 인터뷰에 참가할 수 없고, 오후에 인터뷰를 예약하면 오전 인터뷰에 참가할 수는 없으므로 되도록 예약시간에 맞춰 기다려야 한다.

14 학생비자 신청시 지출되는 비용?

학생비자 신청할 때 지불되는 수수료
1. 인터뷰 예약 – 금액(12,000원) : USD 11.25
2. 비자 Fee – $ 131(미국대사관에 납부하는 비용)
3. Sevis Fee – $ 100

15 F-1 학생의 동반가족 F-2인 경우에 일을 할 수가 있는가?

F-2 동반가족으로는 배우자와 21세 미만의 자녀가 있는데, 어느 경우이건 일을 하는 것은 불법이다.

* 더 다양한 FAQ는 다음 미준모(미국어학연수&유학준비생 다모여)카페에서 볼 수 있다.
  http://cafe.daum.net/abroadstudy

05

출국준비

출국준비

이제 출국이다. 그런데 여권, 비행기 예약, 짐 싸기 등 어떤 것들을 어떻게 준비해야 할까? 막상 무엇부터 준비해야 할지 막막하기만 하다. 당장은 앞이 캄캄해 보이지만 하나하나 천천히 준비하면 혼자서도 문제없이 할 수 있다. 지금부터 시작해 보자!

01 여권발급받기

01 여권

여권은 외교통상부 장관이 방문국에 우리 여행자의 보호를 요청하고, 신분을 증명하는 문서이므로 해외여행 중에 항상 휴대해야 하며, 서명란에 반드시 본인이 직접 서명해야 한다. 여권의 유효기간이 6개월 이하인 경우에는 미국비자를 발급하지 않거나 비자가 있더라도 입국을 거부하는 경우가 있을 수 있으므로 미리 확인하여 여권의 유효기간을 연장하거나 재발급 받는 것이 좋다.

유학원에서 준비한다면 이런 것들을 체크해 주므로 유학원의 안내 사항을 따르면 된다. 하지만 본인이 직접 해야 하는 경우에는 인터뷰하기 두 달 정도 전에 미리 준비하는 것이 좋다.

⊙ 사진전사식 여권 발급

2005. 9. 30부터 사진전사식 신여권 발급이 시행되고 있다. 사진전사식 신여권은 신청인이 제출한 사진 및 인적사항을 최첨단장비로 여권에 전사하는 것으로 처음으로 여권을 만드는 경우 신여권을 받게 된다. 과거의 구여권은 유효기간 만료시까지 사용가능하다.

⊙ 사진전사식 여권 사진

사진전사식 여권용 사진은 미국비자 신청시 아래와 같이 엄격히 제한되며 기준을 위배한 사진은 접수하지 않는다.

- 최근 6개월 이내에 촬영한 천연색 정면 사진으로 가능한 귀부분이 보이게 하여 얼굴 양쪽 끝부분 윤곽이 뚜렷해야 하며 어깨까지만 나와야 한다(사진크기 : 가로 35mm, 세로 45mm, 얼굴길이 : 25mm~35mm).
- 사진바탕은 흰색, 옅은 하늘색, 옅은 베이지색 바탕의 무배경으로 테두리가 없어야 하며, 사진의 피부색은 자연스러워야 한다.

- 사진의 배경이 회색, 청색 등 진한색일 경우 발급 장비의 인식 불능으로 처리 불가능하다.
- 모자, 제복, 흰색 계통의 의상을 착용해서는 안 된다.
- 눈은 뜬 상태로 정면을 응시하고 머리카락이 눈을 가려서는 안 되며, 입은 자연스럽게 다문 상태이어야 한다.
- 색안경을 착용해서는 안 되며, 안경 렌즈에 조명이 반사되지 않고 눈동자가 선명하게 보여야 한다.
- 착용한 안경테가 눈을 가리거나 눈에 걸치지 않아야 하며, 가능한 한 얇은 테의 안경을 착용하여야 한다.
- 초점이 명확하지 않거나, 수정된 사진은 타인으로 오인될 우려가 있어서 안 된다.
- 사진의 얼굴 및 바탕부분에 그림자가 없어야 한다.
- 여권사진이 변질될 우려가 있는 즉석사진이나 질이 떨어진 디지털 사진은 고품질, 고해상도로 프린트하여야 한다.
- 유아사진에는 한 사람만 보여야 하며 의자, 장난감, 손, 다른 사람이 보여서는 안 된다.
- 일반여권 발급시 공적 신분을 나타내는 제복을 착용한 사진은 불가하며, 외교관·관용 여권에 한해서 허용한다.

여권은 다음의 상황에서 사용된다.

- 환전할 때 / 출국 수속과 항공기에 탈 때 / 현지 입국과 귀국 수속 때
- 비자 신청과 발급 때
- 여행자 수표의 도난이나 분실 때 / 재발급 신청할 때
- 해외여행 중 한국으로부터 송금된 돈을 찾을 때
- 병역의무자가 병무신고를 할 때와 귀국 신고할 때
- 여행자 수표로 지불할 때 등

02 여권 발급에는 약 7-10일 정도 기간 소요

여권 발급은 본인이 직접 신청하는 방법과 여행사 등에서 대행을 통해 받을 수 있다. 여행사에서 일정의 수수료를 지급하면 급행대행 서비스를 제공하고 있으므로 급할 경우 이용하면 된다.

여권은 서울 시내 전 구청에서 발급하고, 지방은 도청이나 광역시청에서 발급받을 수 있다. 여권 신청 후 발급까지는 보통 7-10일 정도 소요된다. 서울 강남, 서초, 구로구에서는 일부 주민자치센터(구 동사무소)에서도 여권 발급이 가능하고, 한달 전 예약이 가능한 '여권 접수 예약 시스템'도 운영되고 있으며, 방문일 기준 2일 전에 예약하면 방문 대기시간을 줄일 수도 있다.

03 여권의 신청 구비서류 및 유효기간

⊙ 복수여권

- 유효기간 만료일까지 횟수 제한 없이 국외여행을 할 수 있는 여권으로 10년 이내
- 유효기간의 복수여권 발급

⊙ 단수여권

- 1회에 한하여 외국여행을 할 수 있는 여권으로 1년 유효기간의 단수 여권 발급
- 만18세 이상~30세 이하인 병역미필자 중 병무청에서 국외여행허가기간을 6개월 미만으로 받은 자

▣ 구비서류

· 여권발급신청서
· 신분증 : 주민등록증, 운전면허증, 공무원증
· 여권용 사진 2매(동일원판 가로 3.5, 세로 4.5㎝)

04 여권발급기관

서울시에 다음의 모든 구청에 여권과가 존재한다. 여권과에 연락하고 방문해서 신청하면 된다. 지방의 경우에는 각 지방 광역시청 및 도청을 이용하도록 하자. 다음의 안내표를 참조하라.

대행기관 및 분소		일반전화	팩스	우편번호	주소	비고
	외교부	02-720-3780	02-722-8489	110-733	서울 종로구 수송동 80번지 코리안리 4층	여권과장
서울	종로구	02-731-0610~4,1591(직)	02-731-065	110-701	서울 종로구 수송동 146-2	여권과
	서초구	02-570-6430~3,6438	02-570-6440	137-704	서울 서초구 서초2동 1376-3	OK-민원센터
	영등포구	02-2670-3145	02-2670-3595	150-720	서울 영등포구 당산동 3가 385-1	민원여권과장
	노원구	02-950-3751~2,3126	02-950-3755	139-703	서울 노원구 상계6동 701-1	민원여권과장
	강남구	02-2104-2266	02-2104-2439	135-090	서울특별시 강남구 학동로426호(삼성동 16-1) 강남구청 민원여권과	민원여권과장
	동대문구	02-2127-4681~4	02-2127-5103	130-703	서울 동대문구 용두동 39-1	민원여권과장
	마포구	02-718-3282(별관)	02-718-5391	121-303	서울 마포구 공덕동 한국사회복지회관 2층	여권과장
	구로구	02-860-2683	02-860-2623	152-701	서울 구로구 구로본동 435번지	민원여권과장
	송파구	02-410-3270~4	02-410-3894	138-171	서울 송파구 송파동 여성문화회관 1층	여권과장
	성동구	02-2286-5252	02-2286-5914	133-701	서울 성동구 행당동 7	민원여권과장
	강서구	02-2603-2580	02-2600-6610	157-701	서울 강서구 화곡6동 1111-2 귀뚜라미홈시스텔 2층	여권과장
	중랑구	02-490-3210~7	02-490-3218	131-701	서울 중랑구 신내동 662번지	민원여권과장
	중구	02-2260-1785	02-2260-1112	100-701	서울 중구 배오개길 76(예관동 120-1)	여권과장
	강북구	02-901-6821~5	02-901-6150	142-701	서울 강북구 구청길 12(수유3동) 192-59	여권과장
	강동구	02-480-1588	02-483-4494	134-700	서울 강동구 성내동길55(성내동541-1)	여권과장
	광진구	02-450-1450~1 02-3424-2971	02-450-1738	143-702	서울 광진구 구의동 546-4 테크노마트 1층	민원여권과장
	용산구	02-710-3370~4	02-710-3236~7	140-704	서울 용산구 원호로 1가 25번지 용산구청 신관 2층	여권과장
	은평구	02-350-3931~3	02-350-1794~5	122-702	서울 은평구 은평구청길 8(녹번동 77-7) 별관 1층(의회동건물)	여권과장

대행기관 및 분소		일반전화	팩스	우편번호	주소	비고
부산	부산시청	051-888-3561~6	051-888-3569	611-735	부산 연제구 연산5동 1000	시민봉사과장
	사하구	051-220-4812~6,4818	051-220-4819	604-701	부산 사하구 사하구청길 30(당리동 317-16번지)	민원여권과장
	서구	051-240-4288	051-240-4289	602-701	부산 서구 서구청 1길 1(토성동 4가 2-3)	민원봉사과장
	해운대구	051-749-5613	051-749-5619	612-701	부산 해운대구 중일동 1378-95	민원여권과장
	사상구	051-310-7905	051-310-4270	617-060	부산 사상구 구청로 34(감전2동 138-8)	민원여권과장
인천	인천시청	032-440-2470~85	032-425-2207	405-750	인천 남동구 구월동 1138	자치행정과장
	서구	032-560-4986~7 4253, 4255~7	560-4259,4699	404-701	인천 서구 서곶길 323(심곡동 244)	민원여권과장
	계양구	032-450-6701	032-450-6719	407-813	인천 계양구 계산동 1079-1	민원여권과장
경기도	경기도1청	031-249-3200(0번누름)	031-249-4023	442-190	경기 수원시 팔달구 우만동 228	총무과장
	안양시	031-389-2582	031-389-2601	431-078	안양시 동안구 부림동 1590	시민과장
	성남시	031-705-0606	031-707-0190	463-839	경기 성남시 분당구 야탑동 486 탄천종합운동장내	자치행정과장
	경기도2청	031-850-2257~8	031-850-2249	480-764	경기 의정부시 신곡동 800번지 기획행정실	행정관리담당관
	남양주시	031-590-8711,3~7	031-590-8718	472-701	경기 남양주시 경춘로 202(지금동 159-7)	민원처리과장
	고양시	031-900-6331~3	031-900-6340	410-812	경기 고양시 일산동구 마두동 815 일산동구청 1층	자치행정과장
	평택시	031-659-5133	031-659-5699	450-702	경기 평택시 중앙로1가 45	민원봉사과장
	군포시	031-390-0137	031-390-0661	435-701	경기 군포시 청백리길22(금정동844)	민원지적과장
	안산시	031-481-2983	031-481-2660	425-702	경기 안산시 단원구 화랑로110(고잔동515번지)	자치행정과장
강원도	강원도청	033-249-2271~2	033-249-4030	200-700	강원 춘천시 봉의동 15	총무과장
	원주시	033-738-5240	033-738-5747	220-703	강원 원주시 봉학로 180(일산동 185-1)	민원봉사과장
	속초시	033-639-2063~5	033-639-2510	217-701	강원 속초시 중앙로 469-6(중앙동 469-6번지)	민원봉사과장
	환동해출장소	033-660-1255	033-660-1399	210-800	강원도 강릉시 주문진읍 교황리 134-3	출장소장
충북	충북도청	043-220-2734~36	043-220-5577	360-765	충북 청주시 상당구 문화동 89	자치행정과장
	충주시	043-850-5416	043-850-5491	380-700	충북 충주시 금릉동 700번지	종합민원실장
	옥천군	043-730-3288	043-730-3670	373-809	충북 옥천군 옥천읍 삼양리 174번지	민원과장
충남	충남도청	042-220-3080	042-251-2254	301-763	대전 중구 선화동 287	자치행정과장
	천안시	041-521-3317~9,5322~3(상담)	041-521-2182	330-701	충남 천안시 번영로 601(불당동 234-1)	종합민원실장
	보령시	041-930-3884	041-930-3711~2	355-701	충남 보령시 성주산로 77(명천동 269-4)	허가민원과장
	서산시	041-660-2725	041-660-2620,2248,9	356-704	충남 서산시 관아문길 1(읍내동 492)	민원처리과장
전북	전북도청	063-280-2252~4	063-280-2209	560-761	전북 전주시 완산구 중앙동 4가 1번지	대외협력과장
	남원시	063-620-6105	063-620-6705	590-701	전북 남원시 시청로 88(도통동 518번지)	민원과장
	군산시	063-450-4150, 6418(행정담당)	063-450-4396	573-703	전북 군산시 시청로 8번(조촌동 888번지)	민원봉사과장
	정읍시	063-530-7389, 7390	063-530-7393	580-701	전북 정읍시 수성동 440-1	종합민원과장
전남	전남도청	061-286-2314	062-607-6206	534-821	전남 무안군 상향면 남막리 1000번지	종합민원실장
	여수시	061-690-2190	061-690-2953	555-701	전남 여수시 시청로 1번(학동 100번지)	민원지적과장
	광양시	061-797-2262	061-797-3224	545-701	전남 광양시 시청앞길 8(중동 1313번지)	민원봉사과장
경북	경북도청	053-950-2215, 2253	053-950-3409	702-702	대구시 북구 산격동 1445-3	새마을봉사과장
	안동시	054-840-6880~3	054-840-6149	760-701	경북 안동시 시청로 6(명륜동 344번지)	종합민원실장
	포항시	054-270-2903~5, 2124(심사담당)	054-270-5998~9	790-722	경북 포항시 남구 대잠동 1001번지	새마을봉사과장
경남	경남도청	055-211-2661~3	055-211-2659	641-702	경남 창원시 대방로 1번지	행정과장
	진주시	055-749-5048(안덕숙), 5150	055-749-2812~4	660-760	경남 진주시 상대동 284	시민봉사과장
	거제시	055-639-3247,3155	055-639-3484	656-720	경남 거제시 신현읍 고현리 717번지	민원지적과장
	김해시	055-330-3688,4808	055-330-3689	621-701	경남 김해시 부원동 623번지	허가과장
	거창군	055-940-3051-3(여권담당쪽 문의)	055-940-3078~9	670-807	경남 거창군 거창읍 상림리 64-1	종합민원실장
대구시청		053-803-2873	053-803-3009	700-714	대구시 중구 동인동 1가 1번지	시민봉사과장
광주시청		062-613-2963	062-613-2969	501-701	광주시 서구 내방로 410	민간협력과장
대전시청		042-600-2377~85,2380	042-600-3389	302-789	대전시 서구 둔산동 1420	시민봉사과장
울산시청		052-272-3000~1	052-260-5252	680-701	울산시 남구 신정동 646-4	자치행정과장
제주도청		064-746-3000~	064-710-3015	690-700	제주시 연동 312-1	총무과장

02 짐 싸기 및 출국준비물

01 짐 싸기에 대해서

혼자서 갈 경우와 가족이 갈 경우 짐 싸기는 판이하게 다르다. 이삿짐을 우송하는 가격이 비싸므로 혼자 가는 경우는 가급적 본인이 비행기로 가져갈 정도의 짐만 준비하는 것이 좋다. 가족이 갈 경우는 부피가 작게 나가고 중요한 것, 미국에 가더라도 꼭 사야 하는 것을 우선순위로 두어 목록을 작성하고 짐을 꾸린다.

02 출국 준비물 리스트

■ 출국시 꼭 챙겨야 하는 서류

- 입학허가서원본 : 원본 없이 입국 불가능
- 여권 : 비자는 이상이 없는지 확인하고, 비자와 여권사본을 만들어 두자.
- 비행기표 : 출국과 귀국날짜, 노선, 유효기간을 확인한다.
- 미국주소 : 홈스테이 주소 혹은 기숙사 주소
- I-94 : 입국 신고서 입국시 작성 여권비자 받은 부분에 스템플러로 찍어주는데 절대로 버리면 안 된다. 이 서류가 없으면 트랜스퍼를 할 수 없다.
- 유학생 보험증서 : 미국은 의무적으로 유학생보험을 요구
- MMR(건강검진) : 학교에서 요구시 준비한다.

■ 출국시 꼭 남겨두고 가야 하는 서류

- 유학생의료보험 사본
- 입학허가서 사본
- 비자 받은 부분 사본
- 여권사본

■ 기타 챙겨야 할 것들

- 신용카드 : 본인 이름이 들어 있는 비자나 마스터 아멕스(학생은 가족카드 신청 가능) 여권 상의 영문 성명과 동일한 것이 좋다.
- 국제운전면허증 : 면허 시험장에서 발급, 사진 한 장 필요
- 문구류 : 샤프, 볼펜, 노트 등등
- 전자사전 : 영영사전은 책으로 한 권 준비
- 계산기 : 돈 계산은 매일 하자.
- 사진 : 미국에서 시험을 치거나 학생증을 만들 때 필요
- 선물 : 부피가 작은 것을 많이 사고, 한국적인 미가 실려 있는 제품이 좋다.
- 속옷과 양말 : 양말은 좀 넉넉히 준비한다.
- 의류 : 최대한 줄인다. 옷은 미국에서 가장 쉽게 구할 수 있으니 미국에서 사 입어도 괜찮다.
- 면도기, 드라이, 다리미 : 면도기는 전자식이나, 충전식으로, 미국은 110V 전용
- 타월, 이불 : 타월은 스포츠 타월이 쓰기 좋다. 두 개 정도 준비하자.

· 상비약 : 종합 감기약, 화상약, 지열제, 해열제, 후시딘, 지사제(만약 평소에 먹는 약이 있다면 약품 내역서를 반드시 준비하라)
· 화장품 : 개인화장품, 화장품은 미국도 저렴하니 현지에서 구입하는 것도 좋다.
· 칫솔 치약 (작은 거 하나) 샴푸, 린스 작은 거 하나
· 음식물 : 고추장, 된장, 김 등등
· 술 : 술은 작은 팩으로 준비 하자. 5개~10개 정도, 파티 때 칵테일을 만들 수 있다.
· 콘센트(돼지코) : 110V~220V 체인지 코드
· 전기장판 : 추운 지방으로 가시는 분들은 꼭 준비한다.
· 안경, 콘택트렌즈 : 미국에선 안경이 비싸다. 여유분까지 준비한다.
· 화젯거리가 될 수 있는 것 : 가족사진, 한국의 그림엽서, 한국의 기사거리
· 작지만 필요한 것들 : 개인 생리용품, 손톱깎기

TIP 짐의 부피가 많을 경우는 진공 포장을 한다. 부피를 3배 이상 줄일 수 있고, 또 계절 별로 나누어서 쌀 수 있어 옷에 습기 차는 것을 막을 수 있고 아주 보송보송하게 보관된다.

03 환전

■ 현금으로 환전시

현금으로 환전시에는 반드시 50불 미만짜리 지폐로 환전하라.
20센트짜리 몇 개는 꼭 챙겨 두라. 가자마자 전화를 할 일이 생길 수도 있다.
$1짜리를 10개 정도 준비하라. 미국은 팁을 줘야 하는 상황이 항상 발생한다.

■ 여행자 수표로 환전시

여행자 수표는 현금과 달리 분실시 재발급이 가능하다. 따라서 안전하다. 단, 사인은 한 쪽은 미리 하고 다른 한 곳을 사용 전에 사인해야 한다. 또한 여권 사인과 동일하게 사인하라.
여행자수표 발급시 영수증에 수표번호가 나온다. 반드시 분실을 대비하여 메일에 적어 둔다. 여행자 수표(TC)는 환전할 때 수수료가 들 수 있지만, 현금 환전 환율보다 저렴하므로 별 차이가 안 난다.

04 유학생 송금 방법

유학생은 은행에 유학생 지정을 하면 1년에 1억 이상까지 송금 가능하다.
필요서류는 다음과 같다.

■ 본인의 영문이름, 주소, 전화번호, 은행명 Bank Name, 은행주소, ABA No ABA No or Routing No, SWIFT BIC No, bank address

05 출국 전 꼭 해야 할 일

- 치과치료를 받고 갈 것
- 안경을 쓰는 사람은 안경을 꼭 하나 더 준비할 것
- 예비군 훈련 신고는 하지 않아도 된다. 자동 출국신고 된다.

06 짐 챙기기

- 화물 : 32kg or 23kg 두 개 항공사마다 다르다. 반드시 항공사에 체크해야 한다.
- 기내 : 기내는 10kg까지 가능(잘 체크 안 한다)
- 공항은 반드시 출발 두 시간 전에 도착하도록 한다.

03 항공권 준비

01 항공권의 구입

정상적인 요금으로 비행기를 타는 승객도 있지만 대부분의 학생들은 저렴한 할인 항공권을 이용한다. 저렴한 요금으로 항공권을 구하려면 우선 성수기(여름 휴가철이나 연말연시)나 주말을 피해서 출발날짜를 잡아야 한다. 그 다음은 출국과 귀국항공편과 날짜를 미리 예약하고 발급받는다. 단, 할인 요금의 항공권 구입시는 사용기간이 한정되어 나중에 변경할 때 비싼 수수료를 물어야 하며, 예약 초과시는 정상항공권이 우선이므로 2–3일 전에 미리 예약확인을 하고 출발시는 공항에 미리 나가 자리를 배정받는 것이 유리하다.

02 항공권 상담 서비스

인터넷의 발달로 항공권 스케줄 및 요금을 즉시 알아볼 수 있으나 항공사, 시기, 루트, 경유지 등에 따라 항공권의 가격은 천차만별이기 때문에 전문가와 충분한 상담 후 항공권을 구입하는 것이 좋다.

03 항공권 예약 시기

항공권 예약은 예약자의 영문이름과 출발지, 행선지만 있으면, 원하는 행선지에 맞춰 무료 예약이 가능하므로 빠르면 빠를수록 저렴한 항공권 및 좋은 좌석을 구할 수 있다. 예약 취소 수수료는 없다.

04 항공권 구입 후 확인 사항

■ **항공권을 구입한 후 출발하기 전에 미리 체크해 두어야 할 사항들**

· 예약지 순서
· 항공기의 출발과 도착 예정 시간
· 출발 및 도착 도시명 및 공항
· 성과 이름
· 현지 예약 확인 전화번호
· 기타 제한조건 등
· 만약을 대비해서 한 부 복사해서 따로 보관

---

e-Ticket Itinerary & Receipt (전자항공권 발행확인서)

* 본 확인서는 여권과 함께 전 여행기간동안 반드시 소지하시기 바랍니다.

Booking Reference	: 756-1332 ◀── 구입한 여행사 예약번호
e-Ticket Issue Date/Agent	: 02JAN07 / (주)푸른여행사 / 17310705 / 02-752-5800 GES SON/SUNJU // DAEGU
Passenger Name	: NA/CHAEROKMR ◀── 영문이름 （여행사 전화번호）
e-Ticket Number	: 0145987733894-895 ◀── 티켓 번호
Frequent Flyer Number	:

ITINERARY
* Local date & Time

Departure 출발도시 Arrival 도착도시		Flight 편명	Class 좌석 클래스	Date	Time	Status	FareBasis 항공코드	Not Valid Before	Not Valid After	Baggage Reference
INCHEON (SEOUL) VANCOUVER (VANCOUVER)	ICN YVR	AC 64	H	11JAN07 11JAN07	18:20 11:30	OK 확약	HHXSTO	에어캐나다 ──▶ 예약번호	짐 갯수 2PC	QA7KUR
VANCOUVER (VANCOUVER) CALGARY (CALGARY)	YVR YYC	AC 216	H	11JAN07 11JAN07	15:00 17:20	OK	HHXSTO		2PC	QA7KUR
CALGARY (CALGARY) LESTER (TORONTO)	YYC YYZ	AC	H	돌아오는 날짜가 미확정(OPEN)이라			HHXSTO		2PC	
LESTER (TORONTO) VANCOUVER (VANCOUVER)	YYZ YVR	AC	H	리턴일이 지정이 되지 않은 경우임			HHXSTO		2PC	
VANCOUVER (VANCOUVER) INCHEON (SEOUL)	YVR ICN	AC	H				HHXSTO		2PC	

RECEIPT

Restrictions	: NON-ENDS/CIC*50 DATE CHANGEFREE
Conj.Ticket NO.	:
Fare Calculation	: M*SEL AC X/YVR AC YYC AC YTO M1482.02AC YVR AC SEL M1482.02 N UC2964.04END ROE920.430000 XT 13800CA 2500XG 40600SQ
Fare Amount	: KRW 2728200
Equiv.Fare Paid	:
Tax	: KRW 97600YQ 27000BP 56900XT
Total Amount	: KRW 2909700
Form of Payment	: CASH

NOTICE

공항에서 탑승 수속 시 신분 확인 절차에 적극적인 협조 부탁 드립니다. 항공사의 운송 및 기타 서비스는 운송 약관 및 관련 규정의 적용을 받습니다. 전자 항공권 발행 확인서 (e-Ticket Itinerary & Receipt)는 탑승 수속 시, 입 출국/세관 통과 시 제시하도록 요구될 수 있으므로 반드시 전 여행 기간 동안 소지 하시기 바랍니다. 발행 확인서의 이름과 여권상의 이름은 반드시 일치해야 합니다. 여행의 최종 목적지나 경유지가 발행 국가 이외의 타국일 경우, 승객의 사망이나 상해 및 수하물 분실 또는 손상에 대한 운송인의 책임을 통상적으로 제한하는 '바르샤바 협약'의 적용을 받을 수 있습니다.
* 신용카드로 구매하신 고객은 탑승 수속 시 항공사에 따라서 신용카드를 제시하셔야 하는 경우가 있을 수 있습니다.

* 법적고지문은 반드시 확인하시기 바랍니다. 법적고지문 보기

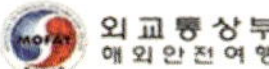

외교통상부 해외안전여행

해외여행 중 긴급한 도움이 필요할 때 **영/사/콜/센/터**가 도와드립니다.

01. 무료자동연결 — 현지국제전화코드+800-2100-0404
02. 무료수동연결 — 국가별접속번호+0번+교환원+영사콜센터
03. 유료연결 — 현지국제전화코드+822-3210-0404

05 항공원의 시즌 및 운임체계

시즌 여행 개시일에 의한 항공 운임은 시즌에 따라 많은 차이가 나는데, 기본적인 시즌은 다음과 같다.

미국, 캐나다 → 한국	
Los Season	1/1 ~ 3/31, 11/1 ~ 12/15
Middle Season	4/1 ~ 5/31, 9/1 ~ 10/31
High Season	6/1 ~ 8/31, 12/23 ~ 12/31

한국 → 미국, 캐나다	
Los Season	1/3 ~ 2/28, 4/1 ~ 4/25, 5/3 ~ 6/30, 11/1 ~ 12/20
Middle Season	3/1 ~ 3/30, 7/1 ~ 7/14, 8/16 ~ 9/30, 10/1 ~ 10/31
High Season	7/15 ~ 8/15, 12/20 ~ 1/3

- 로 시즌 중에서도 1/15 ~ 2/15 사이는 연 중 가장 값싼 항공권 구입이 가능하다.
- 명절 및 긴 연휴, 방학, 연말연시가 제일 높지만 연도마다 또 항공회사에 따라 다소 차이가 있을 수 있다.
- 최근에는 예약이 집중되는 시즌이 일정하지 않지만 기본적인 시즌 적용은 위와 같으므로 사전에 항공사에 체크를 해야 싼 항공권을 구할 수 있다.

06 귀국일의 변경

일반적으로 할인 항공권은 출발 및 귀국 일의 변경은 불가능하지만, 일부 항공회사에서는 서비스 때문에 특별히 인정하고 있는 곳도 있다. 비록 귀국일 변경 불가의 항공권으로도 본인 혹은 가족의 질병시 그것을 증명하는 서류(이사의 진단서)를 준비하면 대부분의 경우 변경이 인정된다. 또, 귀국일 미정의 여행자를 위해 돌아오는 스케줄이 오픈 항공권을 발매하고 있는 항공회사도 다수 있다.

리컨펌 (Re-confirm)

출발 72시간 전까지 이용할 항공회사에 재확인(비행기를 탄다는 의지 표명)이 필요하다. 이것을 하지 않았을 경우 당일에 예약이 취소되는 경우가 있으므로 주의해야 한다. 예약 재확인 방법으로서 전화 또는 시내의 카운터에 직접 가서 리컨펌한다. 이 경우 플라이트의 지연, 변경, 취소 등 중요한 플라이트 정보를 사전에 항공 회사로부터 연락해 줄 가능성도 높다.

04 미국입국절차

- 여권, 비자, 입학허가서(I-20원본), SEVIS FEE 영수증, 숙소주소 등을 휴대하여 심사시 제시
- 입국심사 및 세관신고서 작성

01 세관신고서 작성

비행기 안에서 승무원들이 돌아다니면서 입국/세관신고서를 나눠주면 깨끗한 정자로 빠짐없이 기입한다. 입국시 반드시 필요하므로 정성껏 기입한다. 입국 신고서는 기입시 굵은 선으로 둘러싸인 부분(성명, 국적, 생년월일, 남·여 성별, 주소, 직업, 입국하는 나라의 연락처, 여권번호, 주소, 직업, 항공기 번호, 체류 예정기간, 입국 목적, 서명 등)만 기입한다. 세관신고서는 개인일 경우는 개인당 1장씩 작성하고, 가족여행일 때는 대표가 1장만 작성해도 된다.

02 입국심사

- 필수 휴대사항 : 여권, 출입국신고서(Form I-94), 입학허가서(I-20원본), SEVIS FEE 영수증, 귀국항공권(B1/B2 관광비자로 입국시만 해당), 세관신고서, 숙소주소
- 질문사항 : 방문목적/방문기간/체류지 등

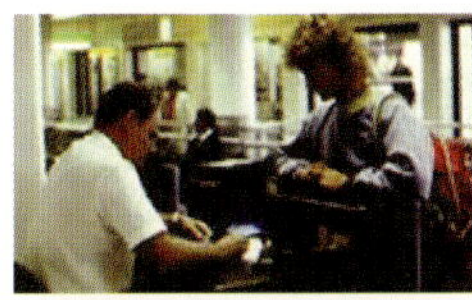

비행기에서 내리면 'Immigration' 또는 'Passport Control' 이라고 쓰여진 창구로 간다. 입국심사에는 시간이 많이 걸리므로 순서를 기다리는 동안 여권, 귀국항공권, 출입국 신고서, 세관신고서 등을 준비하며 다시 한 번 확인한다. 입국 심사는 한사람씩 이루어진다. 심사대 앞의 황색 선 밖에서 기다리다가 자신의 순서가 되면, 준비한 서류를 입국 심사관에게 제시한다. 심사관은 서류를 보면서 영어로 체제 일수, 방문목적, 체제지 등을 간단히 질문한다. 혹시, 영어를 잘못해서 알아듣지 못하면 한국어를 할 줄 아는 직원을 불러준다. 학생비자 나 단체관광객으로 입국시는 별다른 질문 없이 간단히 마칠 수 있으나, 방문비자로 입국시 조금이라도 의심스러우면 까다로운 질문을 하기도 한다. 심지어는 가방을 보자고 하기도 하는데 이때 불필요한 서류(예를 들면 관광비자로 입국하면서 성적증명서나 토플책을 가지고 입국시 등)가 있으면 바로 귀국 조치될 수도 있다. 특별한 문제가 없으면 여권에 입국확인 스템프(체제 일수가 명시됨)를 찍고, 출입국 신고서의 반을 떼어 여권에 붙여서 돌려준다(Form I-94, 일명 화이트 카드). 이 카드는 분실하면 안 된다.

03 수하물 찾기

- Baggage의 첫 기착지에서 무조건 짐을 찾아 세관 검사 거쳐야 함.
- 경유 Claim 표지판 찾아가기
- 미국 내유지라도 첫 도착지에서 짐을 찾아 세관검사 후 최종 목적지로 가는 항공사 카운터에서 짐을 부치고 탑승권 받아야 함.

04 세관검사(Customs Inspection)

- 수하물을 찾은 후 출구를 따라 나가면 세관검사 있음.
- 비행기 내에서 작성한 세관신고서(Customs Declaration Form)만 받고 통과시키는 경우가 많음.
- 짐 검사 대상자 : 거동이 수상하거나 이상한 물건을 들고 가는 사람, 세관신고서에 신고할 물건이 있다고 표시한 경우
- 세관신고서에는 가급적 신고할 물건이 없다고 하는 편이 좋음.
- 미국 입국 시 면세 허용 범위 : 술(1리터), 담배 200개피(시가 100개피), 현금 $10,000까지

05 환승

- 입국심사와 세관신고를 마친 후, 국내선을 타고 타 지역으로 이동 시 국내선 터미널로 이동
- 짐을 직접 들고 국내선 터미널로 이동함.(공항에 따라 세관검사를 하고 나온 곳에서 바로 짐을 다시 부칠 수 있도록 서비스하는 곳도 있음. 반드시 미리 항공사나 비행기에서 내리기 전 승무원에게 물어보는 것이 좋음)

06 픽업 및 숙소로 이동

최종 목적지 도착 후 짐을 찾아서 출구를 빠져 나오게 되며, 만일 공항 마중 서비스를 학교에 요청한 경우는 학교명과 학생명을 들고 있는 사람을 천천히 찾아보고 5~10분 이내로 보이지 않을 경우 바로 현지 긴급전화(Emergency Number)로 전화를 걸어 현지 도착 사실을 알린다. 단, 이때 전화를 걸 수 없는 환경이라면, 공항 내 Information Desk로 가서 픽업 확인서 및 연락처를 보여주고 도움을 요청한다.

현지도착 & 픽업

유학이나 여행을 떠날 경우 해외에서의 경험이 전혀 없거나 현지 언어에 자신이 없는 경우 처음 가는 낯선 땅이라 여간 불안한 것이 아니다. 어떤 사람은 떠나기 며칠 전부터 국제 미아가 되는 악몽에 시달린다는 사람들도 있다.

사실 외국에 한두 번 다녀온 사람들은 이러한 공포심(?)을 가지고 처음 출국했을 때의 자신을 생각하면 웃음이 나오는 사람들이 많을 것이다.
이러한 차이점은 처음으로 외국의 공항에 도착 후 '목적지까지 아무탈 없이 갈 수 있을까' 하는 불안감과, 한 번 가보니 '언어만 틀렸지 한국과 전혀 다를 바 없다' 는 체험이 만드는 것이다. 즉, 현지에 도착하면 미리 예약한 사람이 공항 입국장에서 기다릴 것이고, 이 후에는 그 사람을 따라 가면 된다.

01 픽업시의 돌발 상황

그러나 모든 것은 예상하지 못한 상황(연착, 잘못 알려준 비행 스케줄, 잘못된 도착 터미널정보, 현지 마중 올 사람의 사정)이 발생해 공항에서 공포감에 휩싸여 안절부절 못하는 상황이 발생할 수 있다. 이러한 돌발 상황에서 해외여행 경험이 한두 번 있거나 현지 언어에 자신이 있는 사람은 괜찮겠지만, 그렇지 못한 사람들은 이러한 상황에서 무사히 목적지에 찾아 가기란 쉬운 일이 아니다. 이러한 돌발 상황에 현명하게 대처할 만한 방법들을 간단히 정리해 보았다.

◉ 입국장에서 잠시 기다려 본다

공항에 마중오기로 한 사람들(친척, 친구, 학교 관계자)도 사정이 생겨 늦을 수도 있다. 여러 가지 대처법을 찾으며 다른 데로 떠나지 말고 잠시 기다려 본다.

⊙ 전화를 걸어 본다

현지 연락처(친척집, 친구집, 학교 담당자)에게 전화를 걸어 마중나갔나 확인을 해본다. 영어가 유창하지 않더라도(몇 개의 단어만 나열하더라도) 과감히 도전해 본다. 이 경우 한국을 떠나기 전에 이러한 돌발 상황에 대비해 마중 올 사람들의 연락처와 담당자 이름을 철저하게 메모해 두었어야 가능하다.

⊙ 한인 택시를 이용한다

공항에서 더 기다려 보거나 전화를 해보아도 별다른 답이 없을 경우 한인 택시를 이용한다. 한인 택시를 이용하면 언어가 통하므로 쉽게 문제를 해결할 수 있다. 한인 택시 찾는 방법은 한국에서 미리 한인 택시회사의 전화번호를 메모하여 가거나, 현지 친척에게 알아본다거나, 공항에서 한국인을 찾아 물어본다.

⊙ 한인 가정에서 하룻밤 머문다

한인 택시 기사에게 물어 보거나, 한국에서 미리 이러한 단기 하숙집 및 한인이 운영하는 숙박시설의 전화번호를 알아두었다가 전화를 해서 마중을 요청한다. 이 경우 약간의 비용이 추가되지만 그들로부터 많은 도움을 받을 수 있다.

⊙ 택시를 이용해 직접 찾아간다

한인 택시가 아니더라도 공항 청사 밖에 있는 택시를 타고 목적지의 주소를 보여 준다. 먼 거리는 많은 금액이 나올 수도 있겠지만, 이런 상황에서는 돈을 아까워하지 말자. 내릴 때 요금의 약 10%에 해당하는 팁을 더해 주는 것을 잊지 말자.

⊙ 셔틀버스를 이용해 직접 찾아간다

택시와 마찬가지로 셔틀버스(주로 대도시)도 주소를 보여 주면 목적지까지 데려다 준다. 이 경우 여러 사람들의 목적지를 거쳐서 가기에 시간은 더 소비되나 비용이 저렴해진다.

⊙ 근처의 호텔(모텔)에서 하룻밤 머문다

너무 늦게 도착해서 찾아 가기가 무리이거나 다행히 전화 통화가 되서 다음 날 데리러 온다고 하면 근처의 숙박시설에서 하룻밤 머무른다. 공항 청사 밖으로 나가면 공항 근처에 있는 많은 호텔(모텔)의 무료 셔틀버스가 대기하고 있으므로 이 버스를 이용해 호텔까지 가면 된다. 어떤 차의 창가에는 하룻밤에 얼마라는 가격이 적혀 있으므로 가격이 적당하면 그 버스를 타면 된다. 공항주변의 호텔 요금은 고급은 $100 이상, 중급은 $60~80, 모텔이나 저렴한 호텔은 $50 전후이다.

⊙ 현지 한국인에게 도움을 청한다

대도시의 공항에는 필히 (현지)한국인이 있다. 이들에게 도움을 청해 보자.

⊙ 경찰에 도움을 청한다

마지막 방법으로 경찰에 도움을 청하자(불쌍하고 겁먹은 표정으로). 그들이 근처의 호텔로 데려다 주거나 목적지의 버스를 탈 수 있는 곳으로 데려다 준다. 모든 것이 무료.

02 현지 교통 이용

세관을 통과하고 무사히 입국 수속을 끝내면 목적지로 찾아가야 한다. 공항에 마중 나온 경우는 그냥 따라가면 되지만, 그렇지 못한 경우는 스스로 목적지까지 현지 교통수단을 잘 이용해서 찾아가자. 현지 교통을 이용하기 위해서 미리 현지 통화수단을 준비하는 것을 잊지 말자.
적어도 시내까지의 교통비는 현금이 필요하므로 공항에서 환전을 해둔다.

그러나 대부분의 공항에서의 환전은 시중은행보다 불리하므로 고액의 환전은 시내에 들어가서 하는 편이 좋다. 다만, 환전소에 따라 환전하는 금액에 관계없게 일정한 수수료를 받는 곳도 있으므로 소액의 환전은 오히려 불리할 수도 있다.
큰 공항 대부분은 거리나 공항에 관광 안내소(인포메이션)를 마련해 두고 있다. 여기서 시내 교통지도와 스케줄, 호텔, 레스토랑의 리스트, 이벤트 일람표 등을 받아 두자.

예약의 재확인이 필요한 티켓을 가지고 있는 귀국편의 비행기가 1주일 이내일 경우는 공항의 항공사 카운터에서 귀국편 항공권의 리컨펌을 달아두면 좋다.
지하철이나 버스같은 공공 교통기관을 이용해 공항에서 시내로 갈 경우는 시내에서도 사용할 수 있는 프리패스와 회수권을 공항에서 미리 구입해 두면 좋다. 대부분의 공항에서 대중 교통을 이용하기 위해서는 약간 걸어 나가거나 터미널이 있는 곳까지 공항에서 셔틀버스가 운행되므로 이러한 버스를 이용하면 된다.

버스나 지하철의 노선이 정확히 자신이 가고자 하는 방향인지, 가격은 얼마인지 등에 관한 궁금한 사항이 있으면 언제든지 주변 사람들에게 물어 보자. 그리고 명심해야 할 점은 버스를 이용할 때 현지 지리를 모르기에 언제, 어디서 하차해야 할지를 모르므로 운전사에게 목적지를 미리 말하고 그곳에서 내려달라고 하거나, 주변 사람들에게 도움을 요청한다. 항상 망설이지 말고 과감해야 한다.
그리고 공항버스(리무진)나 택시를 이용해 일단 시내까지 들어가 다음의 교통수단을 이용할 수도 있다.

06

미국연수생 꼭 챙겨야 할 것들

미국연수생 꼭 챙겨야 할 것들

미국 연수를 떠나기 전 무엇보다 꼭 챙겨야 할 것들이 있다. 이것이 없으면 미국현지에서 큰 낭패를 볼 수 있다. 지금부터 이 서류들이 무엇인지 하나하나 자세하게 알아보자!

01 유학생보험

미국의 의료비는 한국에 비하여 10배 이상 높다. 한국에선 의료보험을 기본적으로 들고 있지만 미국에선 자신을 보호해 줄 것이 아무것도 없다. 따라서 미국 정부는 유학생들의 의료 보험 가입을 의무화(법으로 규정)하고 있다.

아차해서 다치거나 병에 걸릴 경우 비싼 병원비 때문에 학업을 중도 포기하는 경우도 있고, 학교에서도 도의적인 책임이 있기 때문이다. 만약 보험에 가입을 하지 않으면 학교 입학에 제한이 생길 수 있다. 또한 학교에서 권하는 의료보험은 비용이 많이 비싸거나 보상 범위가 제한적이기 때문에 사고에 대한 발생률을 보더라도 유학생 보험을 들고 가는 것이 좋다.

주의할 점은 의료보험이 미국의 의료비를 충당할 수 있는 것이어야 한다. 가입한 보험이 미국에서 의료보험비를 충당하지 못해 큰돈을 지불하는 경우가 많기 때문이다. 일반적으로 자신이 가려고 하는 학교에서 요구하는 보험보상 한도에 맞추어 구입하도록 한다.

사설학교의 경우 보험한도에 제한이 없는 경우가 많으며, 대학부설의 경우 90% 이상이 $50,000 보험한도를 수용하는 유학생보험을 들도록 권한다. 보험한도는 상해치료 실비가 기준이므로 참조한다.

02 건강검진서류

```
IMMUNIZATION RECORD                          Cleared______  Prov______

Form is due at orientation, but no later than
            the first day of classes.

Incomplete forms will NOT be processed and will be returned for completion.

SECTION A (REQUIRED): TO BE COMPLETED BY ALL STUDENTS.  PRINT LEGIBLY IN BLUE OR BLACK INK.
Name (Last)_______________________ (First)_______________ (Middle)__________
University ID# _________________________________  Date of Birth__________
Student Status:  U.S. Citizen ❏     Permanent Resident ❏      International ❏
Address ____________________________________  Cell Phone ___________
        ____________________________________  Email Address ___________
PARENTAL PERMIT (FOR STUDENTS UNDER AGE 18) I give my permission for such diagnostic and therapeutic procedures as may be deemed necessary for my
son/daughter and agree to present information concerning his/her medical condition to other responsible university officials when deemed necessary.
Signed ____________________________  Relationship __________________

SECTION B (REQUIRED): TO BE COMPLETED FOR ALL STUDENTS born after 1956.
MMR #1   Date: _______________  and  MMR #2   Date: ____________
OR
MEASLES: TWO immunizations after 12 months of age.
(Rubeola)  Date of Dose 1 __________________  Date of Dose 2 ____________
         (Dose 1: 1968 or later and after 12 months of age)   History of Disease Not Accepted
MUMPS:     Immunization after 12 months of age
           Date of Vaccination ________________
RUBELLA:   Immunization after 12 months of age
           Date of Dose 1 _________________________

SECTION C (RECOMMENDED): (Please record other immunizations you have received)
TETANUS/DIPTHERIA (within 10 years)  Date: __________   MENINGITIS (see reverse     Date: __________
                 DATES                                  for waiver of meningitis only)
HEPATITIS B        #1 __________                                              DATES
                   #2 __________        CHICKEN POX       #1 __________
                   #3 __________        (VARIVAX)         #2 __________

SECTION D:  REQUIRED FOR INTERNATIONAL STUDENTS. Complete sections A, B, C, and D.
In addition to requirements in Sections A & B, INTERNATIONAL STUDENTS must document the following:
TUBERCULOSIS TESTING - MUST HAVE PHYSICIAN DOCUMENTATION. Induration measurement is required.
  a.)  T.B. Skin Test within 6 months:  Date:__________  Result:  Induration _______ mm. POS____ NEG____
  b.)  If PPD (TB Skin Test) is positive, a recent chest x-ray is required (within 6 mos).  Date:________
     Chest X-Ray report (in English) must be reviewed by a Health Center Physician. Call 301.314.8184 for appointment.
SECTION E:  PHYSICIAN SIGNATURE OR DOCUMENTATION REQUIRED FOR EVERYONE.
                Physicians Complete Sections B through E.
PHYSICIAN SIGNATURE __________________________  DATE ___________
PHYSICIAN NAME (printed) ________________________  PHONE NO. ___________
```

미국 고등학교나 대학에서는 유학생에 한하여 건강검진 서류를 요구하고 있다. 또한 교환학생이나 어학연수를 위한 학생들에게도 건강검진 서류를 요구하는 학교들도 간혹 있다. 서류에 있는 내용은 대부분 필요한 예방주사를 맞았는지 확인하는 것이다. 주로 요구하는 것이 MMR, 우리나라는 1회 접종인데, 미국은 반드시 2회 접종을 요구하며, 결핵(TB), 간염(HepB), 파상풍과 디프테리아(Td) 예방접종 등이 있다. 어릴 때부터 기록해 오던 예방접종표가 있고 주치의가 있으면 간단하게 작성이 되고 가까운 대학병원이나 건강검진 지정병원에서 문의도 가능하다. 가까운 병원의 경우 유학생 건강검진이 가능한지 미리 연락을 해보고 가도록 한다. 미국에서 건강검진 서류를 해도 상관없지만 시간이나 비용측면에서 한국에서 받는 것이 낫다. 학교마다 지정폼이 다르니 학교에서 요구하는 폼에 따라 작성해야 한다.

I-20 입학허가서

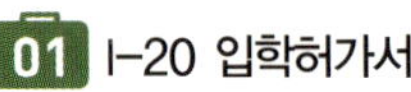

01 I-20 입학허가서

입학허가서란(I-20)는 USCIS Form I-20 A-B/ID를 간단하게 줄여 편의상 쓰는 말이다. 말 그대로 F-1 학생 신분을 위한 자격 인증서이다.

.S. Department of Justice

Immigration and Naturalization Service

Certificate of Eligibility for Nonimmigrant (F-1) Student
Status - For Academic and Language Students   (OMB NO. 1115-0051)

Page 1

Please read Instructions on Page 2
This page must be completed and signed in the U.S. by a designated school official.

SEVIS

For Immigration Official User

Student's Copy
N0003733143

Family Name (surname):

First (given) Name: Middle Name:

Country of birth:
SOUTH KOREA

Date of birth(mo/day/year):

Country of citizenship:
SOUTH KOREA

Admission number:

School (School district) name:

School Official to be notified of student's arrival in U.S.(Name and Title):
Shirley Smith
International Admissions Officer

Visa issuing post   Date Visa Issued

School address (include zip code):
1900 Pico Blvd.
Santa Monica, CA 90405-1628

School code (including 3-digit suffix, if any) and approval date:
________________________   approved on ________

Reinstated, extension granted to:

This certificate is issued to the student named above for:
Initial attendance at this school.

Level of education the student is pursuing or will pursue in the United States:
ASSOCIATE

The student named above has been accepted for a full course of study at this school, majoring in **Theatre/Theatre Arts Management (NEW)**.
The student is expected to report to the school no later than **02/14/2007** and complete studies not later than **12/31/2010**. The normal length of study is **48** months.

English proficiency:
This school requires English proficiency.
The student is not yet proficient. English instructions will be given at the school.

This school estimates the student's average costs for an academic term of **9** (up to 12) months to be.

a.	Tuition and fees	$ 5,700.00
b.	Living expenses	$ 9,800.00
c.	Expenses of dependents (0)	$ 0.00
d.	Other (specify): **Health insuran**	$ 1,500.00
	Total	$ 17,000.00

8. This school has information showing the following as the student's means of support, estimated for an academic term of **9** months (Use the same number of months given in item 7).

a.	Student's personal funds	$ 17,000.00
b.	Funds from this school	$ 0.00
	Specify type:	
c.	Funds from another source	$ 0.00
	Specify type:	
d.	On-campus employment	$ 0.00
	Total	$ 17,000.00

9. Remarks: ____________________________

School Certification: I certify under penalty of perjury that all information provided above in items 1 through 9 was completed before I signed this form and is true and correct; I executed this form in the United States after review and evaluation in the United States by me or other officials of the school of the student's application, transcripts, or other records of courses taken and proof of financial responsibility, which were received at the school prior to the execution of this form; the school has determined that the above named student's qualifications meet all standards for admission to the school; the student will be required to pursue a full course of study as defined by 8 CFR 214.2(f)(6); I am a designated official of the above named school and am authorized to issue this form.

Shirley Smith	*[signature]*	International Admissions Officer	09/11/2006	Santa Monica, CA
Name of School Official	Signature of Designated School Official	Title	Date Issued	Place Issued (city and state)

Student Certification: I have read and agreed to comply with the terms and conditions of my admission and those of any extension of stay as specified on page 2. I certify that all information provided on this form refers specifically to me and is true and correct to the best of my knowledge. I certify that I seek to enter or remain in the United States temporarily, and solely for the purpose of pursuing a full course of study at the school named on page 1 of this form. I also authorize the named school to release any information from my records which is needed by the INS pursuant to 8 CFR 214.3(g) to determine my nonimmigrant status.

Name of Student	Signature of Student	Date

Name of parent or guardian	Signature of parent or guardian	Address (city)	(State or Province) (Country)	(Date)
If student under 18				

Form I-20 A-B (Rev. 04-27-88)N

For Official Use Only
Microfilm Index Number

자신이 입학을 희망하는 학교에 입학신청을 하게 되면 학교 당국에서는 미국 체류 기간 동안의 학비나 기타 생활비를 조달할 수 있는 재정능력 등의 여러 가지 조건에 대한 심사를 거쳐 입학을 허가하며, 학생들이 미국 대사관에서 미국 학생비자(F-1)를 신청할 수 있도록 SEVIS를 통한 I-20를 발행한 후 학교와 프로그램 소개를 담은 책자와 함께 신청자에게 발송하게 된다. 참고로 이민국에 의해 승인을 받은 학교만이 I-20 Form을 발행할 수 있다.

02 I-20 사용 용도

- 한국에서 환전 등의 은행 업무를 처리하기 위해
- 미국 대사관에서 학생비자(F-1) 신규발급을 위해
- 비자의 유효기간 만료로 학생비자(F-1) 갱신을 위해
- I-20 상의 성명, 날짜 등에 오류가 발생한 경우
- 학생 신분으로 최초 미국 입국을 위해
- 미국 외 국가의 단기 여행 후 미국 재입국을 위해
- 학교를 옮기기 위해(School Transfer)
- 전공을 바꾸기 위해
- 학위(Degree) 목적이 바뀌는 경우
- 재정지원자의 변동이 있는 경우
- 배우자나 자녀 등 가족들의 미국 입국을 위해
- 학업 완료 시점을 연장하기 위해
- 기존의 I-20을 분실하거나 훼손한 경우
- 혼인을 통한 이름 변경이 있는 경우

04 달러환전 및 송금

외국으로 유학이나 연수를 떠나는 경우에는 규정된 한도 내에서 환전이나 송금을 할 수 있다. 학비는 학교에서 정한 금액을 전액 송금할 수 있으나, 생활비는 연간 송금한도액이 정해져 있다. 이는 해마다 조금씩 변동이 있고 여기서는 최근 정보를 알려준다.

유학생은 1개 은행에서만 환전 및 송금이 가능한데 거래외국환은행지정신청서를 작성하여, 환전 및 송금을 위한 1개 은행을 지정한다. 예를 들면, 외환은행에 거래외국환은행지정신청서를 제출하였다면, 유학기간 동안은 외환은행을 통해서만 환전 및 송금할 수 있다. 만약 외환은행 외의 은행과 거래할 경우 문제가 발생할 수 있다.

이후 6개월 단위로 생활비와 등록금을 송금 받을 수 있는데, 송금받기 위해서는 지정은행에 매학기 재학 입증서류(재학증명서 등)를 제출하면 된다. 유학중 병으로 인한 치료비를 지출해야 할 경우는, 외국의료기관에서 발급한 질병진단서를 제출하면 송금한도액과 상관없이 추가로 치료비를 더 송금 받을 수 있다.

유학경비 한도액에 대한 사항으로 아래 도표를 살펴보자.

종류	한도액	조건
기본 경비	미화 3천 불	일시 귀국 후 재출국하는 경우에 지급 가능
현지 정착금	미화 2만 불	체재기간이 1년 이상인 경우만 해당되며, 출국시나 출국 후 60일 이내에 환전이나 송금 가능함.
체재비	월 미화 3천불	체재비로 월 3천불까지 가능한데, 실제로 환전이나 송금은 6개월 단위로 18,000불까지 가능함. 동반가족이 있을시에는 1인당 미화 500불 추가 송금가능함.
기타 경비	등록금, 교재비, 치료비 등	등록금 고지서, 질병진단서 등 해당 서류를 제출하면 그 금액만큼 송금 가능함

한국으로부터 송금을 받기 위한 현지국 은행 구좌개설에 관해 살펴보면, 먼저 학교 등록시 부여받게 되는 사회보장번호(social security number), 여권, 현주소 및 연락처 등 은행의 요구서류 등을 제출하면 구좌를 개설할 수 있다. 이때 주의할 점은, 여권상의 영문이름과 은행계좌의 영문이름이 반드시 일치하여야 한다는 것이다. 송금을 빨리 받고자 한다면 아래 내용을 국내송금인에게 빨리 알려주면 된다.

지정은행이 알아야 할 내용	참고사항
· 은행명(full name을 기재) · 거래은행 주소 · 계좌번호 · 수취인(유학생)영문이름 · 수취인 주소 · 수취인 전화번호	· 국가별 은행코드(national clearing system)가 있으면 정확하고 빠르게 송금처리됨. · 이름, 거래은행명 및 은행코드, 계좌번호가 정확하면 미국 송금의 경우 당일 중에 수취 가능키도 함.

*** 환전시 참고사항**

현지에서의 현금분실사고에 대비하여 필요한 금액을 제외한 나머지 금액은 여행자 수표로 환전하는 것이 좋다. 또한 여행자 수표의 분실에 대비하여서도 수표 일련번호를 따로 메모해 잘 보관해 둔다. 소지하는 현금 중 현지사용이 용이하게 얼마 정도는 소액권(1\$, 5\$, 10\$, 20\$)으로 마련해 둔다.

05 국제 운전면허증

⊙ 국제 운전면허증

항 목	내 용
구비서류	운전면허증, 여권, 여권용 컬러사진1매
유효기간	발급일로부터 1년
수수료	5,000원
처리시간	30분

항목	내용
재발급	본인의 입국사실 확인시에만 재발급 되며, 본인이 직접 신청하는 것을 원칙으로 함. 대리인을 통해 재발급 : 본인이 입국한 사실이 증명할 수 있는 '출입국사실 증명서' 필요 별도의 출입국 사실없이 1년 이상 계속 외국에 체류하면서 국내의 대리인을 통해 재발급 받는 방법으로 유효기간을 연장할 수 없음 유효기간 만료일 이전 재발급시에는 · 기존 국제운전면허증은 반납시에만 재발급 되며 분실시에는 분실 신고 후 재발급 · 재발급 국제운전면허증의 유효기간 : 재발급일로부터 1년 관련 근거 도로교통에 관한 제네바 국제협약 제1조 제2항에 의거 대리인을 통해 재발급 받은 국제 운전면허증으로 운전을 할 경우, 해당 국가에서 무면허 운전행위로 처벌함.
기타	본인이 직접 방문하여 신청해야 되며, 대리 신청시는 발급받고자 하는 분 즉, 본인이 현재 국내에 체류하고 있다는 사실을 출입국사실증명서 또는 여권(원본)을 통해 증명된 때에 한해 대리발급이 가능하므로 위 준비물 외 대리인 신분증과 발급 받고자 하는 사람의 출입국사실 증명서 또는 여권(원본)을 반드시 준비해야 된다. 그렇지 않으면 발급 받을 수 없다. 연기신청을 한 사람은 반드시 입국일로부터 3개월 이내에 여권 또는 출입국 사실증명서를 지참하여 적성검사 및 면허증 갱신을 해야 된다. 그렇지 않으면 범칙금 부과 또는 면허가 취소된다. 국내면허 갱신 연기시 수수료 1,000원

▦ 참고 : 운전면허시험 관리공단(htttp://www.dla.go.kr)

06 국제 전화

01 Cellular phone in USA _ 미국 핸드폰 가이드 버전1

◉ 통신 회사(Cellular service provider)

미국의 이동통신사 중에서 규모가 큰 회사들은 버라이존(Verizon), 스프린트(Sprint), 싱귤러(Cingular, at&t), 티모빌(T-mobile) 등이 있고, 그 외에는 작은 여러 회사들이 있다. 각 회사별로 통화가 잘 되는 지역이 있고 그렇지 않은 지역이 있으므로 자신이 살고 있는 곳에서 수신율이 좋은 회사를 고르면 된다. 대략 동부에서 잘되는 것, 남부에서 잘되는 것, 서부에서 잘되는 것으로 구분하는 경우도 있다. 실제로 몇 년 전에 남부에 허리케인이 와서 통화량이 폭주한 경우가 있었는데 내 핸드폰은 불통이었는데 친구의 버라이존은 통화가 잘된 적이 있다.

02 요금제(plan)

◉ 미국의 핸드폰 요금 중에서 가장 일반적인 것은 '월정액방식' 이다. 이 방식은 예를 들어서 한 달에 $39.99을 내면 500분간 무료로 통화가 가능하고, 만약 500분을 넘길 경우 추가로 분당 요금(아주 비싼편)을 내는 방식이다.

◉ 즉, 한국식으로 생각하면 비싼 기본료를 내는 대신에 일정 시간을 마음대로 사용하는 것이다. 그런데, 한 달 약정했던 500분을 다 사용하지 못했다면 기본적으로 남은 시간은 그냥 없어져 버린다. 500분은 달마다 새로 주어진다.

◉ 하지만 싱귤러에서는 Roll over라고 하여 남은 시간이 다음 달로 자동으로 넘겨준다. 그래서 이번 달에 300분만 썼다면 다음 달에는 500+200=700분을 사용할 수 있게 된다.

◉ 요금제에 따라 회사가 같은 핸드폰(mobile to mobile)끼리는 무료통화가 가능하다. 만약 나와 내 친구가 모두 싱귤러를 사용한다면 내가 친구한테 핸드폰으로 전화를 거는 것은 무료다.

⊙ 또 다른 요금제로 '패밀리 요금(family plan)제'는 한 사람이 패밀리 요금제에 가입하고 다른 사람을 요금제에 '추가'하는 것으로 꼭 가족일 필요는 없다. 그래서 세 명 정도의 유학생들이 함께 패밀리 요금제를 사용하는 경우, 세 사람이 각자 가입하는 것보다 훨씬 저렴하게 이용할 수 있다.

이 패밀리 요금제의 불편한 점은 한 사람 명의로 사용료를 지불하고 다른 사람이 그 사람에게 돈을 지불하기 때문에 신용이 없는 사람을 패밀리로 가입시키면 낭패를 볼 수 있다.

⊙ 미국은 전화를 받을 때는 물론이고, '문자(text message)'를 받을 때도 요금을 내야 한다. 그래서인지, 스팸 문자는 거의 없다.

⊙ 마지막으로 '선불폰(prepaid phone)'이 있는데 그냥 월마트 같은 곳에 가서 돈을 내고 핸드폰을 사면 몇 분간 사용할 수 있는 핸드폰이다.

장점은 핸드폰 가입을 하지 않아도 되어 편리하다.

단점은 요금이 매우 비싸고 멋진 모델의 핸드폰이 없다. 즉, 미국에 단기로 머물 경우라면 선불폰을 권장하지만, 몇 년 동안 장기로 머물 것이라면 일반 핸드폰을 구입하는 것이 경제적이다.

⊙ 핸드폰 가입시에는 보통 1년 또는 2년의 의무기간이 있다. 중간에 해지하게 되면 위약금을 지불해야 하는데, 수십 불에서 수백 불에 달한다. 중고 장터를 살펴보면 핸드폰하고 플랜을 같이 명의 이전처럼 양도하는 경우가 있다. *싱귤러의 경우 홈페이지에서 의무기간이 언제 끝나는지 확인할 수 있다. 의무기간이 지나 다른 회사로 바꾸고 싶을 때 기존의 핸드폰 번호 그대로 옮겨갈 수 있는데, 의무기간이 끝날 무렵 다른 회사에서 좋은 딜이 나오면 바꾸어보는 것도 좋다.

03　어디서 구입할 것인가

⊙ **동네 매장(local store/mall)**

동네 매장에서 직접 보고 사는 것이 아무래도 가장 편리하다. 자세한 설명도 들을 수 있고 말이다. 그러나 동네 매장 가운데는 방금 유학 온 유학생이라면 크레딧(credit)이 부족하다는 이유로 보증인이나 보증금(deposit) 명목으로 수백 불을 요구하는 경우가 있다. 물론 이 디파짓은 나중에 돌려받지만 이 역시 불편하다. 이런 경우에는 온라인으로 눈을 돌리면 많은 해결책이 있다.

⊙ **인터넷(Internet)**

주위의 사람들을 볼 때 가장 많이 찾는 온라인 몰은 아무래도 아마존일 것이다. 그

외에도 각종 통신회사의 웹사이트에도 할인 정보가 자주 올라오기도 한다. 미국에서 물건을 살 경우에 잊지 말아야 할 것이 있는데 바로 '리베이트(rebate)'이다. 리베이트는 물건을 사고 값을 지불한 다음에 얼마 정도의 돈을 다시 되돌려 받는 것인데, 경우에 따라서 $100에 사서 $100를 리베이트 받아 결국 공짜가 되는 경우도 적지 않다.

그러나 세상에 공짜는 없는 법. 끝까지 조건 하나하나를 확인하도록 한다. 인터넷의 유령온라인쇼핑몰에 사기를 당했다고 하소연하는 경우도 종종 있으니 너무 싸다 싶으면 일단 의심해 보고 피해가도록 당부를 한다.

⊙ 아마존(amazon.com)

아마존에 핸드폰을 파는 코너는 가격이 저렴한 편이다. 보통은 통신회사에 의무적으로 1년 또는 2년간 가입하는 조건으로 핸드폰 값을 많이 할인해 준다. 내가 좋아하는 아마존의 기능 중 하나는 어떤 핸드폰이 잘 팔리는지 순위를 보여주는 것이다.

⊙ 와이어 플라이(wirefly.com)

또 다른 온라인 쇼핑몰로 저렴한 가격에 많은 리베이트를 제공한다. 처음에 잘 모르고 이곳에서 핸드폰을 구입했었는데, 한 친구는 이 사이트가 리베이트 주지 않기로 악명 높은 곳이라 하여 걱정했던 경험이 있다. 나의 경우는 다행히도 리베이트를 정상적으로 다 받아서 결국 핸드폰(모토롤라 레이저 폰)을 공짜로 받은 셈이었는데, 블루투스 핸즈프리도 2개나 딸려 왔다(원래 하나만 와야 하는데 그쪽에서 실수한 것 같다).

악명이 높다보니 리베이트를 받지 못한 화난 네티즌끼리 안티와이어플라이라는 사이트도 있다. 얼마 전에는 cnet이라는 미국의 유명한 웹사이트에 이 문제가 거론되었던 적이 있었는데, 이례적으로 그 회사의 높은 직위에 있는 사람이 자신에게 이메일을 보내면 당장 처리해주겠다는 글을 남겨 많은 사람들이 그 사람한테 메일을 보낸 후 리베이트를 돌려받기도 했다.

04 특별할인(discount, national account discount)

의외로 이것을 모르는 사람이 많다. 규모가 큰 회사에서는 통신회사와 계약을 해서 직원들의 요금을 할인해 주는 경우가 있다. 특히, 유학생이 조교로 일할 경우 학교 직원으로 인정되어 통신회사로부터 할인을 받을 수 있다. 할인액은 대략 10%~15% 정도다. 자신이 속한 사이트나 학교가 특정 통신회사와의 계약상태는 해당 통신회사의 웹사이트나 회사/학교의 복지 사무실(employee benefit office)에 알아보면 된다.

만약 계약이 되어 있다면 benefit office에서 할인코드번호를 확인하여 통신회사에 알려주면 다음 달부터 할인이 적용된 요금이 청구된다.

05 추가사항

⊙ 가입비(activation fee)

예를 들어 $39.99 플랜을 가입하면 첫달 청구서에 약 $80 정도의 요금이 청구된다. 왜 그럴까? 바로 가입비(activation fee)와 각종 세금 및 fee들이 주범이다. 실제로 $39.99 플랜은 세금을 포함하면 약 $50 정도되고, $40 정도의 가입비가 첫 달에 같이 청구된다. 만약 핸드폰을 이동통신사 홈페이지에서 구매했다면 핸드폰 값도 같이 청구될 수 있다.

플랜에 따라서 밤과 주말통화가 무료(night and weekend unlimited)인 경우가 있다. 명심할 것은 이 무료라는 것이 미국 내에서 유/무선 전화에 전화를 거는 경우만 해당된다. 종종 이걸 완전무료라고 생각하여 한국으로 몇 시간씩 통화를 한 후 수백 불의 전화비를 무는 경우를 본 적이 있다. 그리고 아직도 내가 이해하지 못하는 것은 핸드폰은 일반적으로 해외 전화가 막혀 있는데 어떻게 한국으로 전화를 걸었는지 궁금할 따름이다.

한국으로 전화할 일이 있을 경우 인터넷이나 동네 한국 식품점에서 소위 몇 십 불짜리 '전화카드'를 구입하여 한국으로 전화를 건다. 한국에 자주 전화하지 않는 사람(많은 남학생들이 해당되겠다)은 카드 한 번 사면 6개월에서 일년 정도 사용할 수도 있는데, 간혹 '유효기간'이 있는 카드도 있으므로 구입할 때 확인해야 한다.

만약 유선전화를 신청하고자 한다면 동네의 전화회사 사무실(우리 동네에는 Verizon)에 신청하면 며칠 내로 연결해 준다. 전화로도 신청이 가능할 것이다. 보통 시내 통화는 무제이고, 한 달에 $20~30 정도의 요금제가 일반적이다.

⊙ SK텔레콤의 전화 서비스 '힐리오'

한국으로 통화를 많이 하는 경우에는 '힐리오'라는 회사를 눈여겨보기 바란다. SK텔레콤이 미국에서 서비스하는 것으로, 한국으로 전화하거나 문자메시지를 보낼 때 가격면과 편리성면에서 다른 미국회사보다 한 수 위이다. 적어도 광고대로라면 말이다 -,-) 그런데 단말기를 팬텍과 삼성에서만 공급한다고 하는데 아직 사업 초기이기 때문에 앞으로는 여러 가지 변화가 있을 것으로 기대한다.

07

숙박구하기

이 장은 현지에서 홈스테이, 셰어하우스, 렌트하우스 등 숙박정보를 효과적으로 알아보는 방법과 각 숙박시설의 특징을 알아볼 수 있다.

숙박 문제는 가능하면 한국에서 미리 해결하고 가는 것이 가장 맘이 편하다. 하지만 불가피하게 한국에서 해결하지 못할 경우는, 한국인 민박을 예약하고 현지에서 신문이나 보드, 또는 딜러를 통해 집을 직접 보고 구하는 것이 안전하다.

이제는 한국에서도 미국의 민박집을 알아볼 수 있다. 어떤 민박집은 숙박하는 동안 잠자리 뿐만 아니라 먹거리까지도 해결할 수 있다. 더불어 민박 주인장은 많은 정보를 가지고 집 구하는 것을 도와줄 수도 있으므로 이용해 볼 만하다.

01 기숙사

기숙사는 일단 학교 내 또는 학교와 근접한 거리에 위치하므로 학생들이 많이 선호하는 편이다. 식사가 제공되는 곳도 있고 학생들이 직접 취사를 할 수 있는 곳도 있다. 또한 기숙사는 미국 학생들과 직접 어울려 미국 생활을 체험할 수 있다는 장점이 있고, 대개 기숙사비도 한 학기 분을 한 번에 지불하므로 일단 기숙사에 들어가면 주거지 문제나 식사문제로 고민할 필요가 없다. 대부분의 기숙사는 식사를 위해 지정된 시간에만 문을 여는 Cafeteria를 같이 운영하고 있다. 학생들은 정해진 시간에 가서 식사를 할 수 있는데 대부분 뷔페형식으로 여러 가지 음식 중에 자신의 취향에 따라 선택할 수 있다.

그러나 하루에 제공되는 식사와 횟수, 식대 지불 방법은 학교마다 차이가 있다. 기숙사에 사는 유학생들이 겪는 큰 불편 중 하나가 방학 중에는 기숙사가 문을 닫으므로 체류할 수 없다는 것이다.

대부분의 학생들은 이 기간에 여행을 자주 한다. 그리고 주위 대학들은 유학생들과 재학생들을 분리시키는 경우가 많기 때문에, 실제로 미국 대학생들과 친해질 기회는 극히 제한적이다. 캘리포니아 주의 대학들은 유학생과 재학생들이 대체로 함께 생활할 수 있는 편에 속한다.

01 기숙사 생활시 주의할 점

- 귀중품이나 중요 물건은 본인 스스로 잘 보관해야 한다.
- 다른 학생에게 지장을 주는 행동을 극히 삼간다.
- 외국 학생들의 문화를 이해하고 배려한다.
- 한국 학생끼리 너무 몰려다니지 않도록 주의한다.

02 기숙사 생활의 장단점

⊙ 장점

외국인 학생과 방을 사용하거나(독실 제외), 같은 생활공간에서 생활하게 되므로 외국 학생과 친구가 될 수 있고 서로의 문화를 이해할 수 있는 기초가 마련될 수 있다. 또한 학비에 기숙사 비용이 포함되어 추가적 비용이 더 들지 않으므로 절약된 생활을 할 수 있다. 마지막으로 자기 생활을 절제한다면 많은 절약의 성과를 올릴 수 있지만 그렇지 못한 경우는 하숙보다 더 못한 경우도 있다.

⊙ 단점

지루할 수 있고, 한국 학생끼리 몰려다닐 수 있다는 것이다. 다른 학교의 학생도 대학기숙사에 입주가 허용되므로 룸메이트에게 피해를 줄 수 있다.

03 기숙사 선택시 고려 사항

⊙ 신청시기

정규 과정의 새 학기가 시작될 때는 경쟁률이 높아 방을 얻지 못할 경우가 생기기도 한다. 좋은 곳을 원한다면 서둘러야 한다. 조건에 따라 인기 있는 곳은 경쟁이 심한데, 결정을 했다면 신속하게 신청한다. 자신이 원하는 곳이 마감됐을 경우를 대비하여 제2, 제3의 선택을 해두는 것이 좋다.

⊙ 기숙사 위치와 방

대부분의 대학 기숙사는 학교 캠퍼스에 골고루 퍼져 있으므로, 자신이 주로 이용할 학과 건물과 가까운 곳을 택하는 것이 좋다. 기숙사 방은 2인 1실이 일반적이지만, 학교에 따라서는 모든 방을 1인 1실로만 운영하는 곳도 있다.

유학생들은 대부분이 언어로 인한 스트레스를 많이 받는 편이다. 1인실이 아닌 경우에는 모두가 룸메이트를 갖게 되는데, 룸메이트와의 관계가 좋지 않아 곤란을 겪는 경우도 흔히 있다.

룸메이트가 있는 기숙사 생활에서는 우선 피부와 언어만 다를 뿐, 똑같은 사람이라는 생각을 먼저 가져야 한다. 문화적 상대성을 최대한 인정해야 하며, 가능하면 미국에서는 미국의 생활 습관대로 생각하고 행동할 수 있도록 노력하는 것이 좋다.

그러나 룸메이트가 인종차별적인 행동을 하거나, 여러 가지 불합리한 행동으로 자신의 생활에 피해를 주는 경우에는 혼자 고통 받지 말고 기숙사관리사무실이나 International Office에 가서 상황을 알리고 시정시키거나, 다른 방 또는 룸메이트를 바꿔달라고 요청할 수 있다.

⊙ 식사 횟수 선택

기숙사 식당은 거의 뷔페식이다. 자신의 식사습관이나 식사량에 따라서 '일주일에 10번, 20번, 또는 무제한' 으로 'meal plan' 을 계획하고 이에 따라 금액을 지불하면 된다.

⊙ 취사를 허락하는 곳이면 더 좋다

기숙사에 따라서는 층별 또는 건물 지하에 간이 부엌을 만들어 놓고, 학생들이 자유롭게 이용할 수 있도록 시설을 갖추어 놓은 곳이 있다. 기숙사에서 제공하는 식사가 본인에게 맞지 않을 경우 식사 횟수를 줄이고 이 시설을 가끔 이용하는 것도 하나의 방법이다. 대신 냄새가 심하게 나는 음식은 절대 금물이니 주의한다.

⊙ 조용한 곳으로...

기숙사에 입실할 수 있는 나이를 제한하는 경우도 있다. 신입생들만 입주가 허락되는 곳과 상급학년이나 대학원생 위주의 기숙사가 있어, 후자의 경우는 조용하고 공부하는 분위기, 전자는 주로 파티와 노는 분위기가 주를 이룬다.

02 유스호스텔

호스텔(Hostel)은 하루 숙박비가 $10~40 정도로 매우 싸다. 또한 스스로 간단한 조리를 할 수 있도록 주방시설을 24시간 개방한다. 직접 조리한다면 식비도 절감할 수 있다. 호스텔은 누구나 이용할 수 있다. 연령도 제한이 없고, 학생이 아니라도 이용할 수 있다.

보통 한 방에는 2~8명이 이용할 수 있도록 침대를 제공한다. 처음 보는 사람과 한 방에서 지내야 할 경우도 있으나, 오히려 이런 기회가 다른 사람을 사귈 수 있는 기회가 될 수도 있다. 또한 인터넷을 사용할 수 있는 곳도 있으며, 어떤 곳은 본인이 직접 청소를 해야 하는 곳도 있다.

미국에는 유럽과는 달리 호스텔이 그리 많지는 않다. 미국 전체에 100여 개 호스텔이 있는데, 여행하려는 도시에 호스텔이 있는지, 시설은 어떤지 홈페이지를 통해

미리 확인을 해두는 것이 좋다. 또한 성수기라면 미리 예약을 하는 것이 편리하다. 호스텔의 위치 및 예약에 대해서는 미국 유스호스텔 홈페이지(www.hiusa.org)를 참조한다.

유스호스텔 회원에 가입하면 유스호스텔 이용시 할인을 받을 수 있고, 예약 대행도 가능하다. 회원 가입이나 예약에 대한 자세한 사항은 한국유스호스텔연맹 홈페이지(www.kyha.or.kr)를 살펴본다.

03 홈스테이

홈스테이 형식은 미국인들의 자발적인 일종의 봉사 활동으로 시작됐다. 미국의 현지인 집에서 먹고 자고 학교에서 배우지 못하는 산 공부(문화, 정서, 사고 등)를 할 수 있다는 점이 홈스테이의 가장 큰 장점이자 매력이다.

미국인의 생활 즉 가정교육, 식사예절은 물론 미국인 집에 하숙을 하게 되면 호스트 가족들이 하나의 가족 구성원으로 생각을 해주기 때문에 손님의 입장보다 좀 더 포근하고 편안하게 공부할 수 있다.

홈스테이라고 다 같은 것이 아니라 목적에 따라 두 가지 정도로 나눌 수 있다.

홈스테이의 가격은 지역에 따라 차이가 있는데, 약 $500~$1,000 선으로 아침과 저녁식사를 제공한다. 학교를 통해 홈스테이를 소개받을 수 있다.

언어는 학교에서 배운 것만으로 끝날 수가 없다. 학교에서 아무리 생활 영어를 가르친다고 해도 듣고 말하기에는 부족하기 마련이다. 그런데 홈스테이를 통해 이런 부족한 점을 미국인 가정 속에서 상당히 보완할 수 있다. 특히 미국인들이 잘 쓰는 관용구와 속어, 그리고 일반적인 생활에서 필요한 영어를 많이 배울 수 있다.

이러한 홈스테이의 기본은 그 가정의 규칙을 지키는 일이다. 따라서 첫날 가족들과 인사를 나누면서 그 가정의 생활습관을 눈여겨보도록 하고 좋은 일과 나쁜 일을 확인하는 것이 중요하다.

T I P

* 홈스테이 생활시 주의할 점

1. 많이 웃자

외국인과의 생활에 가장 중요한 부분이다. 언제나 웃는 밝은 얼굴이라면 홈스테이 주인들도 편안하게 당신을 대할 것이다.

2. 예의를 갖추자

무언가를 부탁할 때는 "Please"를, 도움을 받거나 할 때는 "Thank you"를 꼭 쓰도록 한다.

3. 음식

보통 주중에는 2식, 주말에는 3식이 제공된다. 식사는 주로 주인들이 먹는 것으로 준비가 되는데 자신이 좋아하는 음식이나 먹고 싶은 음식이 있다면 주인에게 해줄 수 있는지를 물어보자. 만들 수 있는 음식이라면 주인은 가능한 해주려고 노력할 것이다.

4. 식사시간

대부분 시간이 정해져 있는데 가능한 시간을 지켜야 한다. 만약 식사시간을 맞출 수 없다면 미리 주인에게 말하도록 한다.

5. 방을 깨끗이 쓰자

자기가 쓰는 방을 깨끗이 하는 것은 학생의 의무이다. 언제나 방을 깨끗이 하도록 노력하고 또한 식사 후에는 설거지를 도와주도록 하자.

6. 욕실 사용

가족 모두가 공동으로 사용하는 것이므로 가능한 15분 내로 사용하도록 노력하자. 그리고 특히 물이나 비누 거품 등이 욕실 바닥에 남지 않도록 샤워 후에는 뒷정리를 깨끗이 하는 것을 잊지 말자.

7. 전화

홈스테이 집에서 사용하는 전화는 홈스테이 비용에 포함되어 있지 않으므로 전화를 사용해야 하는 경우에는 주인의 허락을 사전에 구한다. 후불제 국제전화를 사용하는 경우에는 주인에게 후불제라는 것을 미리 알린다. 또한 전화세 등은 주인과 상의해서 사용한 만큼 지불하면 된다.

8. 친구

친구를 초대할 때는 주인에게 미리 양해를 구하고 친구가 왔을 때에는 주인에게 방해가 되지 않도록 너무 시끄럽지 않게 한다.

9. 세탁

거의 대부분의 홈스테이는 학생들이 사용할 수 있는 세탁기가 준비되어 있다. 빨래는 대부분 본인이 직접 세탁기를 이용해서 해결한다.

10.담배

담배는 대부분의 홈스테이에서 환영받지 못한다. 혹 담배가 허락되는 곳은 실내에서는 피우지 못하도록 되어 있으므로 집 밖에서 피우도록 한다.

11. 홈스테이에서 발생하는 문제점

홈스테이에서 생활을 하면서 발생이 되는 문제점 등은 학교의 숙소 담당직원과 이야기를 해서 문제를 해결하도록 한다. 숙소 담당직원은 충분한 상의 끝에 적합한 조치를 취해 줄 수가 있다.

04

렌트하우스

기숙사에 들어가지 못할 경우는 아파트나 하숙집을 구해야 하는데, 이 경우에도 학교의 상담직원들과 의논하는 것이 좋다. 또 Campus Board Room-mate 모집광고에 방이 있을 수도 있고, 신문의 Real Estate란에 있는 방 광고도 살펴보는 것이 좋다.

신문에는 아파트 렌트 안내란이 따로 있는데, 그 안내를 읽어보면 가격은 얼마이고 지역은 어디고 또 어떤 상태의 아파트인가에 대해 설명이 되어 있다.

아파트는 여러 가지를 살펴본 후 입주하겠다고 마음을 정하면 계약서를 찬찬히 뜯어보고 불분명한 점은 확실히 해두도록 한다. 아파트 렌트의 장점은 뭐니 뭐니 해도 혼자만의 자유로운 공간 활용에 있다. 개인의 성격에 따라 누구의 간섭도 없이 살 수 있다는 것은 큰 즐거움이 될 수 있다. 기혼자일 경우에는 가정살림을 충분히 할 수 있는 공간을 찾을 수 있다.

아파트를 얻을 때는 자신이 어떤 아파트를 렌트할 것인가를 결정해야 한다. 룸메이트와 함께 투베드룸(방 2개, 화장실 2개인 아파트)을 렌트하거나 혼자 쓴다면 원베드룸, 혹은 싱글(스튜디오식으로 된 아파트)을 빌릴 수 있다.

01 학교 게시판 체크

학교 게시판에는 방 렌트나 룸메이트 구하는 공고가 자주 나오므로 수시로 체크해 보는 것이 좋다. 주로 도서관이나 학생회관 게시판에서 많은 광고를 볼 수 있는데, 이런 광고는 붙여 놓는 즉시 다른 사람에게 나가 버릴 수 있으므로 즉시 연락한다. 또 하나 대부분의 학교에는 국제학생사무소가 있다.

이곳에서는 유학생의 렌트를 위한 리스트를 가지고 있는 경우가 있으니 문의해 본다. 룸메이트 선택에도 신중하지 않으면 집이 얼마나 좋고 나쁜지 상관없이 스트레스를 많이 받을 수 있다. 유학을 온 경우에는 직장인 보다는 다른 학생과 셰어하는 것이 좋다. 한인 학생회 웹사이트 등의 광고도 체크를 해보자.

02 지역정보지나 신문

신문의 Classified Section을 보면 그날그날 새로운 광고가 많이 나온다. 한국신문, 지역정보지(한국의 벼룩시장)도 방을 구할 때 큰 도움을 준다.

미국 생활정보지도 무료이다. 뉴욕에는 빌리지 보이스(Village Voice) 라는 지역정보지가 있다. 또한 이 정보지 등을 살펴보면 방을 구하는 지역의 평균 렌트비도 가늠해 볼 수가 있다.

03 부동산

부동산을 통해 구하는 것도 좋지만, 특별히 좋은 집을 구한다는 보장은 없다. 또한 소개비로 일년 렌트비의 약 10~15% 정도, 한 달에서 두 달치 정도의 렌트비를 수고비로 주어야 한다.

04 웹사이트

각 지역마다 활성화된 웹사이트가 있다. 대부분 올리는 사람은 유료이고, 검색하는 유저들은 무료인 사이트가 많다. 다른 정보들에 비해서 자세하고 사진과 함께 올라온 정보가 많기 때문에 가보지 않고 집의 상태나 조건을 파악하기 용이하다.

l.a는 라디오코리아에서 운영하는 정보사이트가 가장 활성화되어 있고, 뉴욕의 경우는 헤이코리안의 뉴욕 모임인 크사니라는 사이트가 방대한 정보를 제공한다.

이 중 크사니는 방 정보뿐만 아니라 중고가구나 다양한 사고팔기가 활성화되어 있어서 시간을 투자하면 저렴하고 컨디션 좋은 집이나 생활용품을 값싸게 구입할 수 있다.

이러한 사이트는 모두 한글전용, 한인전용 사이트이다.

- 라디오코리아 : http://www.radiokorea.com
- 크사니 : http://www.ksany.com

05 방을 계약하기 전에 체크 사항

주위사람들의 평판과 그곳을 잘 아는 사람의 의견을 묻자. 방은 빨리 구하는 것보다 정확한 정보로 세심히 비교 판단 후에 구해야 한다.

방을 구하기 전에 친구들에게 미리 도움을 청한다. 친구들이 살고 있는 집 주변에 누가 나간다든가 또 누가 귀국하는 바람에 아파트가 비게 된다든가 하는 정보를 운 좋게 얻을 수가 있다.

친구나 전에 살던 사람을 아는 경우에는 살기가 좋은지 물어볼 수도 있고, 소개자가 있으므로 집주인도 훨씬 호의적으로 나온다.

그리고 주위의 평판도 참고로 한다. "저 아파트는 도둑이 자주 든다", "저 아파트 주인은 지독한 구두쇠라 사람이 자주 바뀐다"는 등의 주위 평판을 통해서 집 결정에 꼭 알아두어야 할 뒷정보를 입수한다. 친구들의 통신망을 잘 활용하고 실제로 가서 확인하면서 차분하게 검토한다. 맘에 드는 곳을 발견했으면 집주인에게 직접 방을 보여 달라고 한다.

⊙ 아파트 주변의 치안

미국에서 숙소를 찾을 때 무엇보다도 중요한 것은 주변의 치안이다. 학생은 돈이 없으므로 당연히 집세가 싼 곳에서 살고 싶지만 무조건 싼 곳은 치안문제가 있을 수 있다. 낮에는 전혀 아무렇지도 않다가 밤에는 위험 지역으로 돌변하는 경우도 있다. 그 마을에서 오랫동안 살고 있는 사람의 충고를 잘 듣고 살 곳을 정하도록 한다. 교통편 또한 확실하게 확인해 둔다. 자기 차가 없는 사람에게는 아주 중요한 결정 요인이다.

▦ 환경 및 안전도
· 교통 편이도 – 무조건 싼 방보다는 교통 편리성의 정도가 생활을 편하게 한다.
· 빨래방과 슈퍼마켓까지의 거리 – 한 보따리의 빨래거리를 들고 3~4블록 이상 빨래를 하러 다녀야 하는 건 무척 곤욕스럽다.
· 같은 건물에 어떠한 사람이 살고 있는지 – 마약중독자나 갱 멤버, 소굴 등

▦ 방의 크기와 위치
· 지나치게 큰 방이나 북향의 방은 춥고 난방비가 많이 든다.
· 대로에 접해 있으면 시끄럽다.
· 빗물이 샌 흔적이 있으면 주의해야 한다. 청결상태 확인

▦ 방음 정도
· 옆집의 소리가 너무 잘 들리면 곤란하다.

▦ 방의 시설
· 취사에 불편함이 없는지(한국음식)
· 전화라인이 몇 개가 집안에 들어와 있는지
· 유리 창문이나 자물쇠는 튼튼한지
· 방의 크기에 알맞은 냉난방 시설을 갖추고 있는지
· 난방은 몇 시부터 몇 시까지 나오는지(중앙난방인 경우)
· 전기 스위치를 확인해 보고, 창문이나 문을 열고 닫아 본다.
· 전기, 가스, 수도세는 집세에 포함되는지, 아니면 어떻게 계산해야 하는지
· 공동욕실과 화장실을 써야 할 경우엔 – 욕실, 화장실은 청결하게 관리되고 있는지
· 공공시설은 누가 청소를 하는지
· 따뜻한 물은 항상 쓸 수 있는지
· 수도꼭지를 틀어서 물이 잘 나오는지 확인한다.

▦ 집주인의 태도
· 집주인은 같은 건물에 살고 있는지, 따로 산다면 어디 사는지
· 질문에 솔직하게 대답해 주는지
· 입주 조건과 집세에 대한 설명은 충분한지

06 계약

보통 일년을 주기로 계약이 된다. 계약시 집주인은 한 달 방값 외에 보증금(deposit)을 요구한다. 보증금은 대체로 한 달 렌트값 정도이며, 입주 중에 집안의 비품이 파손되거나 없어질 경우에 충당하기 위한 비용이다. 비품이나 집에 아무런 문제가 없을 때 보증금은 집을 나갈 때 전액 환불받는다. 계약시엔 계약기간이 만료되기 전에 집을 이사하게 되는 경우는 한 달 전에 노티스를 주면 대부분 돌려주나 한 달 전에 예고 없이 갑자기 집을 이사하게 되거나 간혹 안 좋은 주인은 계약 만료 전 이사를 가면 보증금을 반환해 주지 않으므로, 입주하면서 보증금을 지불할 때 반드시 영수증과 함께 환불해 준다는 점을 확실하게 해둘 필요가 있다.

⊙ 집을 계약시 주의해야 할 점들

- 집세에 포함되지 않는 요금의 유무(보통 수도요금은 포함되어 있으나, 전기료는 입주자가 부담하며, 집에 따라 겨울 히팅도 포함되어 있는 곳도 있다.)
- 보증금 환불 유무(방을 비울 때 얼마 전에 알려주어야 보증금을 돌려받을 수 있는지)

방을 보러 갈 때는 그 지역에 익숙한 친구를 데리고 간다. 그런 친구가 없더라도 혼자 가는 것 보다 여러 친구와 함께 집을 보러 가면 혼자서는 그냥 지나치기 쉬운 세세한 부분까지 찾아낼 확률이 높고, 집주인과 계약을 할 때 증인이 되어줄 수도 있으므로 도움이 많이 될 것이다.

⊙ 집 계약에 직면하는 문제

아파트나 하우스 계약시에는 한국 집주인이 아닌 이상 유학생에게는 집을 렌트해 주지 않으려는 경우가 많다. 유학생도 소셜시큐리티 넘버를 받은 학생들은 문제가 없지만, 최근에는 유학생에게 소셜시큐리티 넘버를 발행하지 않고 운전면허가 필요한 경우엔 I-20로 단기간의 면허를 내주고 있기 때문에 소셜을 받아서 집을 계약하겠다는 노력은 현실화되기 어렵다.

미국도 부동산 값이 많이 올라서 원베드는 1,000~1,500불 투베드는 1,500-2,000불은 페이먼트로 지불해야 어느 정도 살만한 집을 구할 수 있기 때문에 단독 렌트보다는 룸메이트 생활을 많이 하는 편이다. 집을 구할 수 있는 조건이 되는 사람이 투베드나 쓰리베드의 집을 구해서 셰어하는 방법이다.

집은 '잠만 자면 된다' 라고 생각한다면 반지하의 스튜디오는 월 500불 안팎의 비용으로도 구할 수 있다. 럭셔리 미국 생활은 생각지도 말고 자취집 사진을 찍어 집으로 보내지도 마라. 부모님이 매일 밤 자식 생각에 눈물을 흘릴지도 모른다.

05 셰어하우스 _Roommate / Share / Rent

셰어는 홈스테이와 달리, 자신이 직접 음식과 빨래 등을 하는 자취 생활로서 셰어는 한 집을 렌트하여 두 명 이상이 집을 나누어 쓰는 경우로, 룸메이트는 원 룸(studio라 부름)에서의 룸메이트를 가리키고, 렌트는 말 그대로 집을 빌려 거주하는 것을 말한다.

01 자취 생활을 위해 알아야 할 세부사항

한 집에 개인 또는 한 가족이 살고 있다가 빈방에 자취생을 들이고 싶을 때, room mate를 찾는 광고를 내게 되는데 그 집에 대한 소유는 광고를 낸 사람에게 있으며 방을 구하는 사람은 그 집의 거주자가 제시한 금액의 방세를 내고 살면 된다.

방세에는 전기세, 전화세가 포함되는 경우와 포함되지 않은 경우가 있는데 이 부분은 입주 전 확인이 필요한 사항이다. 보통 그 집에 있는 가구, 전자제품들은 거주자의 동의를 받고 공동 사용하는 것이 보통이다.

그러나 본인이 머무는 방의 가구의 유무는 룸에 따라 차이가 있을 수 있으며 본인이 준비해야 할 것이 적으면 적을수록 방세는 높아질 수 있다.

02 자취 구하기

셰어를 찾는 가장 좋은 광고는 무가지의 The share, rent, roommate 부분에 게제되며, 그밖에는 대학의 게시판, 학원 게시판 등을 이용할 수 있다.

03 비용

설명한 것처럼 집이 얼마나 좋은가, 가구가 얼마나 있는가에 따라 값이 틀려진다. 운이 좋은 경우, 값이 싼 방임에도 불구하고 가구가 준비된 방을 만날 수도 있다(침대, 책상 등..).

- 집세 $100~$150/week
- 전기 $20~30/month (룸메이트의 수, 사용 전력량에 따라 다름)
- 전화 $10~15/month (사용량에 따라 다름)
- 음식 $30~50/week
- 기타 생활비 $30/week
- 한 달 평균 $600~$900

04 구할 때 알아두어야 할 단어

■ Bedroom, Bathroom, Furnished, Utilities, Deposit
· Bedroom(침실)
· Bathroom(욕실)
· Furnished(가구)
· Utilities(공공요금)
· Deposit(보증금)

05 장점

룸메이트나 셰어를 찾는 광고는 그 수도 많은 편이고 그것에 대한 정보를 얻기도 쉬운 편이다. 대부분의 사람들이 젊은 연령층이므로 쉽게 친해질 수 있고 그만큼 영어 향상에 도움이 된다고 할 수 있다. 생활에 필요한 용품을 스스로 준비해야 하는 어려움과 초기의 추가비용이 있을 수 있지만 장기적으로 봤을 땐 가장 저렴한 방식이라 할 수 있다.

06 단점

홈스테이와 비교했을 때, 자신이 직접 음식, 빨래 등을 해야 하므로 그만큼의 시간을 뺏기게 마련이다. 한국과는 달리(전반적으로) 집과 수퍼마켓이 멀리 떨어져 있는 경우가 많으므로 자취를 하는 사람들은 일주일에 한 번 장을 보는 경우가 많다. 또한 (셰어의 종류에 따라 차이가 있겠지만) 본인 스스로가 가구, 침구류, 생활용품 등을 준비해야 하는 경우 학생으로서 큰 어려움이 따른다. 입국 초기의 적응기간에는 홈스테이 생활을 하고 유학 중반기 이후에 플랫으로 전환하는 것이 가장 바람직하고 보편적이라 할 수 있다.

07 룸셰어의 허와 실

룸셰어를 희망하는 경우는 크게 두 가지 경우이다. 비용을 세이브하기 위한 것이거나 미국 친구 사귀기일 것이다. 하지만 현실은 많이 다를 수 있다. 비용적인 측면에서 매월 방세는 절약할 수 있지만, 룸메이트와 어울려 다니는 비용이 만만치 않게 들어간다면 몇 백 불 세이브한 비용을 훨씬 초과하는 비용을 쓸 수 있다.

늘 같은 집에 있기 때문에 크고 작은 이벤트에 돈을 쓰거나 행동을 함께 하면서 시간을 낭비할 수 있기 때문이다. 미국인 친구와 말을 배우기 위한 비용이라면 아끼지 말아야겠지만, 대부분 그런 수준이 아니기 때문에 문제다. 미국에 와서 간단한 커뮤니케이션 정도만 되는 상태이므로 미국 친구들과 방을 셰어하면 왕따를 당하기 십상이다.

처음엔 간단한 신상 정도를 묻고 대답한 후에 미국 친구들이 자연스럽게 하는 말을 알아듣지 못하는 경우가 빈번하게 된다. 점점 서로가 대화를 회피하게 되고 간단한 대화만을 하기 때문에 나중에는 마주치기 싫고 부담스러워질 수도 있다. 즉, 미국인 친구와 룸메이트를 하겠다고 마음먹었다면 최소한 하루 일상에 대해 몇 십분 정도의 영어대화가 가능한 실력을 갖춘 후 룸메이트를 시작한다면 성공적인 룸메이트 생활이 가능할 것이다.

추천하고 싶은 다른 방법은 비슷한 정도의 영어 실력을 가진 다른 나라 친구들과 룸메이트 생활을 하는 것도 좋다. 서로 비슷하기 때문에 이해하고 배려하는 마음으로 즐겁게 생활할 수 있다.

미국은 살인적인 물가 때문에 학생의 경우는 단독 렌탈보다 룸메이트의 숫자가 더 많을 정도이므로 찾으려고 하면 구하는 것은 그렇게 어렵지 않다.

목적과 현실을 직시한 후 룸메이트 생활을 결정하도록 하자.

08

생활 적응하기

막상 미국에 도착했으나 환경이 바뀌었기 때문에 생활하는데 불편을 겪을 것이다. 처음에 쉽게 혼동할 수 있는 대표적인 생활정보들을 모았다.

01 미국의 쇼핑문화

미국은 자본주의의 선두주자답게 소비문화 역시 소비자 편의위주로 발달되어 있다. 하지만, 이러한 편의를 누리기 위해기 알아야만 하는 대표적인 몇 가지를 알아보자.

01 미국에서의 쇼핑

미국은 3억 인구라는 커다란 자체 시장을 갖고 있기 때문에 어느 나라에서나 살 수 있는 럭셔리 브랜드나 자동차 등은 가장 싼 편이지만, 일반 생필품의 가격은 소득 수준에 맞추어 약간 비싼 편이다.

쇼핑에 중독될 것은 없지만 쇼핑을 다니며 점원이나 주변 사람과 나누는 대화가 생활 영어 향상에 도움이 되기 때문에 이곳저곳 다녀보는 것이 좋다.

진열이나 인테리어는 특별히 눈에 띄는 곳은 없는 편이지만 어디를 가든지 대국과 어울리게 그 규모에 감탄을 하게 될 것이다.

02 상점의 종류

먼저, Wall-Mart, K-Mart, Target, Meijer, Tops와 같은 체인점 형태의 할인 소매점이 있고, 둘째, Sam's Club, Price Club과 같이 회원제로 운영되는 창고형 할인점이 있으며, 셋재, Sears, J.C. Penny와 같은 쇼핑몰과, 주로 교외에 자리를 잡고 있는 Outlet Mall, 가족이 중심이 되어 운영하는 구멍가게 수준의 조그만 소매점 등이 있다.

우리의 백화점에 해당하는 쇼핑몰은 대형 백화점이 좌우사방에 위치하고 그 사이를 연결한 통로에 조그만 상점들이 들어 서 있다. 보통 높이는 2~3층에 그치지만 땅이 넓은 덕택에 옆으로 길게 늘어서 있어 쇼핑몰을 다 구경하려면 다리가 아플 정도로 운동 꽤나 해야 한다.

03 영업시간

가게에 따라 다소 차이는 있지만 백화점 등을 포함하여 보통 오전 10시부터 오후 9시경까지 영업을 한다. 또 일요일·축제일은 많은 가게가 문을 닫는다. 따라서 쇼핑은 토요일에 하는 것이 미국의 관습이다. 한편 드럭 스토어와 수퍼마켓은 24시간 영업하는 곳이 늘어나고 있다.

04 환불 보장제도

미국의 대부분 상점들이 이 Money Back Guarantee 제도를 채택하고 있다. 물건 구입 후 소비자가 주어진 기간 내에 물건을 돌려주고 돈을 되돌려 받을 수 있는 제도다. 30일간의 환불 보장이 대부분인데, 특정 물건에 따라서는 일주일이나 보름 등으로 제한을 두기도 한다.

물건에 하자가 있을 경우는 물론이고, 그냥 물건이 마음에 들지 않는다는 이유만으로 환불을 받을 수 있다. 우리는 얼핏 이해하기 힘든 부분이기도 하다. 물론, 미국인들 중에서도 물건을 얼마간 사용해 볼 목적으로 구입했다가 다시 돌려주고 돈을 돌려받는 사람들도 있기는 하지만, 전체로 볼 때 극히 소수에 불과하므로 이 제도가 유지되는 것이 아닌가 한다. 환불을 받기 위해서는 물건 구입할 때 반드시 영수증을 잘 보관해 두도록 해야 한다. 그러나 영수증을 분실했을 경우에는 환불 또는 다른 물건으로 교환이 안 되는 경우도 있다.

05 최저가격 보장제도

소비자가 구입한 물건이 30일 이내에 다른 상점에서 더 싸게 팔리는 경우 그 차액 또는 차액에 보상금까지 받을 수 있는 제도를 말한다. 자신이 산 물건이 더 싸게 팔리는 상점의 광고지 등을 제시하면 된다.

06 쿠폰 사용

미국의 수퍼마켓 등에서 쇼핑을 하다 보면 주부들이 계산대에서 쿠폰을 제시하는 것을 자주 볼 수 있다. Grocery store, Auto shop, Restaurant, Fast Food Restaurant, Video shop, Beauty shop 등 생활에 관련된 거의 모든 부분에서 쿠폰이 널리 사용되고 있다. 이 쿠폰은 주로 광고전단이나 신문지를 통해서 전해지고, 그 밖에도 각 상점 입구나 전화번호부 책이나 잡지 등에서도 구할 수 있다. 물론 이 쿠폰을 위해 찾아다닐 필요는 없지만 기회가 있을 때 틈틈이 모아 두는 것도 절약하는데 도움이 된다.

07 Plus TAX

상점에서 어떤 물건을 놓고 점원에게 가격을 물어보면 열이면 열 명 모두 "○○ dollars ○○ cents plus tax"라고 한다. 상점에 진열되어 있는 물건에 제시된 가격표 역시 세금을 뺀 가격을 적어 놓은 것이다. 그리고 이 세율은 주마다 달라서 같은 물건을 구입하는데 드는 비용도 주마다 다르다. 보통 5~7%가 주를 이루지만, 아예 세금을 물리지 않는 주가 있는가 하면 10%가 넘는 세율을 물리는 곳도 있다.

08 중고거래

미국에 도착하는 시기는 대개 새로운 학기가 시작되기 전이기 때문에, 한편으론 이전 학기가 끝나가는 시점이라고도 할 수 있다. 교내 기숙사나 아파트의 경우는 학기가 끝나거나 졸업을 해서 그 곳을 떠나는 사람들이 많기 때문에 Moving Sale 광고를 교내 게시판 등에서 쉽게 찾아볼 수 있다. 이것을 적극 활용하면 좋은 물건들을 아주 값싸게 살 수 있는 기회가 된다.

나중에 유학을 마치고 국내로 돌아오게 되거나 타 지역으로 이사를 해서 자신의 물건을 처분해야 할 경우도 이런 방법을 이용해 처분할 수 있다. 학교 밖에서 생활하는 경우는 물건 처분에 어려움이 있을 수 있지만, 아파트라면 아파트 내 클럽 하우스나 세탁방처럼 사람들이 자주 이용하는 곳의 게시판에 자신의 Moving Sale를 알리면 의외로 쉽게 물건을 처분할 수 있다.

급하게 물건들을 처분해야 하는 경우 전화번호부에 나오는 중고 가구점 등에 전화를 걸어 처분하는 방법이 있는데, 가격 면에서는 좀 불리하지만 급할 경우 손쉽게 처리할 수 있는 방법이다. 미국에서는 중고품을 사고파는 것이 매우 일반화되어 있고, 미국 주택가를 지나다 보면 'Garage Sale' 이나 'Yard Sale' 이라고 써 놓은 것을 자주 볼 수 있는데, 꼭 좋은 물건을 산다는 생각보다는 미국 문화를 엿볼 수 있는 기회로 생각하고 한 번씩 들러 보는 것도 좋다. 의외로 좋은 물건을 값싸게 구할 수 있는 가능성도 있다. 기회가 있으면 꼭 한번 들러 보기를 권한다.

02 전화

공중전화는 공항이나 역구내, 호텔의 로비, 드럭스토어, 백화점, 담배 가게, 레스토랑, 주유소, 보도의 전화박스 등에 있다. 옐로페이지(직업별)와 화이트페이지(개인별)의 두 책이 놓여 있다. 또 미국 국내의 주요 도시의 시외국번(Area Code)은 전화번호부에 실려 있다. 거는 법은 전화박스에 지시되어 있는데 한국과 거의 같다.

01 통화예의

우리나라 사람들끼리가 아니라면 미국인이나 다른 외국인에게는 다급한 일을 제외하고 밤 8시 이후에는 전화하지 않는 것이 원칙이다. 특히 미국 국내에서도 시차가 3시간 이상이나 되므로 장거리전화를 걸 경우에는 상대방의 시간을 확인한 연후에 걸어야 한다. 뉴욕에서 아침 9시에 로스엔젤리스에 전화를 걸면 상대방은 아직 잠자리에서 한창 자고 있을 새벽 6시이다. 국제전화를 걸 때는 이 시차에 더 주의를 해야 한다. 시카고에서의 점심시간이 우리나라에서는 새벽 3시이기 때문이다. 또 국내, 국외를 막론하고 걸었을 때 벨이 6~7번 울려도 상대방이 받지 않을 때는 끊는 것이 예의이다.

02 전화거는 방법

⊙ 가정에서 통화할 경우

▫ 시내 통화(Local Call)

국번을 빼고 다이얼을 돌린다. (123) 456–7890로 걸 경우는 456–7890을 돌린다.

▫ 장거리 통화(Long Distance Call)

지역에 따라 장거리 전화를 걸 경우 국번 앞에 1을 누른다. (123) 456–7890로 걸 경우 1 – (123) 456–7890 거는 방법을 잘 모를 때는 0번을 눌러서 교환원을 부른다.

▫ 국제 전화(International Call)

한국으로 거는 경우 02)123–4567로 걸 경우 011–82–2–123–4567
(82 : 한국의 국가번호, 2 : 한국 내 지역번호의 첫 자리에 오는 숫자 0은 제외)

▫ 컬렉트 콜(Collect Call)

0번을 눌러 교환원을 불러서 상대방의 번호를 말한다(미국 내에도 마찬가지).
한국으로 할 경우 "Collect Call to Korea, please"라고 말하고 나서 상대방의 번호를 알려주면 된다.

⊙ 공중전화로 통화할 경우

▫ 표시된 금액만큼 동전을 넣고 다이얼을 돌린다. 시내 통화라도 지역에 따라 시간제한이 있다. 장거리 통화의 경우 동전을 넣고, 우선 1을 누른다. 그러면 투입한 동전이 다시 나오고, 전화기에는 통화 요금과 시간을 알려주므로 지시에 따라 추가 동전을 넣는다.
미리 동전을 많이 준비해 두자. 컬렉트콜을 이용하려면 0번을 눌러서 교환원에게 부탁한다. 경찰서, 소방서, 구급차는 911이다. 동전 없이 걸 수 있다.

03 은행계좌 개설

유학하려면 은행 구좌를 개설해 놓아야 하는데 은행을 선택하는 기준은 한국에서 송금을 받기 쉬운 International Department가 있는 큰 은행이나 한국계 은행이 좋다. 시티뱅크 같은 경우는 한국 지점 구좌의 잔고를 미국의 지점에서도 캐시 카드로 찾을 수 있으므로 송금하는 번거로움을 덜 수 있다. 개설하려면 여권과 I–20(입학허가서) 필요하다. 연수나 유학을 마치고 돌아오기 전에는 꼭 오픈 한 계좌를 닫고 와야 한다.

01 당좌예금 구좌(Checking Account)

은행 구좌를 갖고 있다면 수표(Personal Check)를 사용할 수 있는 당좌예금 구좌를 개설하는 것이 좋다. 미국에서는 일상적으로 수표로 지불하는 경우가 많다. 가지고 갔던 여행자 수표(T/C)를 다 사용한 경우 수표가 없으면 불편을 느끼게 된다. 장기 유학의 경우는 반드시 당좌 예금구좌를 개설해야 한다.

02 보통예금과 정기예금

보통예금과 정기예금 보통예금(Savings Account)은 이자가 높은 것과 한국과 같은 최저액이 없는 금리가 가장 싼 타입의 2종류가 있다. 보통예금 거래시에는 최저 500달러는 꼭 구좌에 남겨두어야 한다. 정기예금(Fixed Account)은 예금 최저액이 500달러와 1,000달러의 2종류로 500달러는 3개월까지가 만기이며 1,000달러는 1년에서 8년까지로서 한국의 정기예금보다 금리가 높다.

04 아르바이트

미국에서 F-1 비자 소유자가 아르바이트를 하는 것은 불법이다. 학교 내에서 주 20시간 이내로 일하는 것만이 합법적이지만 교내에서 연수생들이 아르바이트를 찾는다는 건 그리 쉬운 일은 아니다.

교내에서 할 수 있는 아르바이트는 도서관 대출담당, 교수의 서류 정리들을 맡는 어시스턴트, 인터내셔널 하우스와 유학생 어드바이저 역할을 맞는 어시스턴트, 인터내셔널 하우스와 유학생 어드바이저 역할을 맡는 어시스턴트 등이 있다.
아르바이트 비용은 지역에 따라 다소 차이가 있지만 시간당 약 10~12달러 정도가
기본이다. 하지만 교외에서 이루어지는 아르바이트는 법적으로 보장받을 수 있는
것은 전혀 없으며 절대적으로 불법이라는 것을 인지해야 한다.
현재 미국의 한인 스토어에서 유학생이 현금으로 받는 아르바이트가 많았지만,
2007년 이민법과 불법 체류자 취업에 대한 문제가 대두된 후, 강력하고 빈번한 단
속을 하고 있는데, 한인 스토어의 점주들도 유학생이나 워킹퍼밋이 없는 한인들에
게 일자리 주는 것을 꺼리는 실정이다.
하지만, 영어로 어느 정도의 커뮤니케이션이 된다면 그래도 잡(job)은 있다. 잡(job)
찾기를 원한다면 방법은 하나다. 빨리 영어 회화를 능숙하게 익히는 것이다.

05 통화

미국 통화의 단위는 달러(Dollar=$)와 센트(Cent=¢)이며 $1는 100¢이다. 통화
는 경화(Coin)와 지폐(Bill)로 나뉜다. 경화는 1¢, 5¢, 10¢, 25¢, 50¢, $1가 있
다. 이 중 1¢, 5¢, $1에는 각기 One Cent, Five Cents, One Dollar의 각인이 있
지만 그 외의 10¢, 25¢, 50¢에는 속칭만 각인되어 있다.
실제로 사용할 때는 1¢는 페니(Penny), 5¢는 니켈(Nickel), 10¢는 다임(Dime),
25¢는 쿼터(Quarter), 50¢는 하프 달러(Half Dollar)의 속칭으로 불릴 경우가 많
다. 지폐에는 $1, 2, 5, 10, 20, 50, 100달러짜리가 있다. 이 중 $2 지폐
는 별로 사용되지 않는다. 흔히 볼 수 있는 $1에
서 $100까지의 지폐의 크기는 모두 세
로 6.8cm, 가로 16.4cm의 같은 사이즈
이다. 초상 면과 네 귀의 숫자만 다르기
때문에 혼동하기 쉽다. 미국 내에서의 환
전은 은행이나 호텔, 공항에 'Exchange'
라는 환전소 창구에서 하면 된다.

01 Check 수표

대부분의 미국인은 집세와 전기
세, 물건을 산 후 요금을 지불할
때에 Personal Check을 이용하
고 있다. 서명 하나면 OK, 지불
명세도 은행에서 보내주기 때문

에 편리한 데 사용범위가 주내(州內) 혹은 인접지역 정도로 제한된다. 한편 여행자 수표는 어디서나 사용 가능하다. 도난이나 분실에 대해서도 전액 보증되기 때문에 안전성이 높다. $10, 20, 50, 100, 500의 5종류를 잘 분류해 카드 생활에 익숙해지면 그것 또한 편리할 것이다.

02 크레디트 카드

미국의 모든 가게에서 사용할 수 있는 크레디트 카드는 American Express와 Visa뿐이다. 그리고 Master Card나 Dlub(Diners Culb), JCB, UC 등도 거의 전점에서 사용할 수 있다. 크레디트 카드의 현지 신청은 자격심사 등에 노력과 시간이 걸리므로 한국에서 취득하는 것이 훨씬 빠르다.

03 데빗 카드

한국의 체크카드와 같은 개념이다. 즉 돈이 있는 만큼만 쓴다는 것이다. 그래서 카드를 지불 할 때 크레디트로 하고 싶지 않고 데빗이라고 하면 곧바로 통장에서 현금이 빠져나가는 체크 카드처럼 사용된다. 한국에서 돈을 받아쓰는 유학생이라면 크레디트 보다는 데빗 카드를 쓰는 것이 안전할 것이다. 물론 데빗 카드는 미국 은행 어디서든 쉽게 만들 수 있다.

06 의료

한국에서 나갈 때 감기, 두통, 위장병 등에 대비해서 약을 두세 가지 준비해 가는 것이 좋다. 사람에 따라 이국생활을 하다보면 몸의 균형을 잃을 수도 있고 미국의 약이 몸에 잘 안 맞을 수도 있기 때문이다.

홈스테이를 할 경우는 먼저 호스트 패밀리와 의논하여 그 가정에서 이용하는 의사(주치의)를 소개받는 것이 좋다. 혼자 사는 경우라면 전화번호부 등에서 찾아보는데 한국인 의사나 한국어를 할 줄 아는 의사에 대한 안내가 나와 있기도 하다.

해외여행 상해보험의 옵션 서비스에 한국어를 할 줄 아는 의사 서비스가 첨가되어 있는 경우도 있다. 가입자는 필요에 따라 24시간 체제로 한국어를 할 줄 아는 의사에게 전화로 안내와 구조 서비스를 받을 수 있다. 또 한국인 의사에게 진찰을 받으면 요금이 비싸다. 만일에 대비해서 가벼운 병이나 상처라도 커버할 수 있는 해외여행 상해보험에 가입해 두는 것이 좋다. 미국은 의약분업이기 때문에 의사는 약을 주지 않는다. 의사가 써 준 처방전을 가지고 약국에 가서 약을 구입한다. 처방전을 메모 용지에 손으로 직접 써 주는 경우도 있으므로 휴지와 혼돈하지 않도록 주의한다.

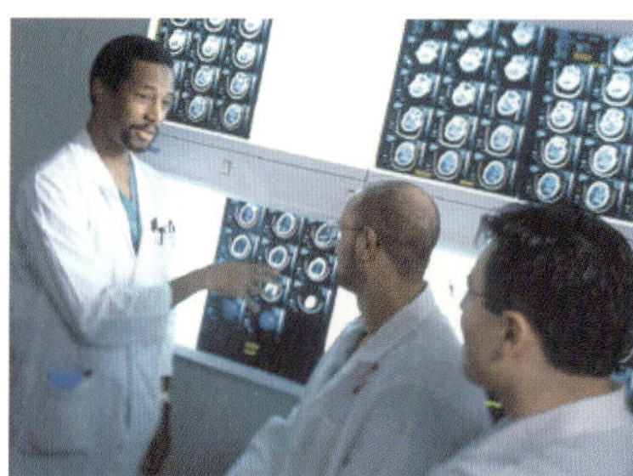

01 진찰 받는 방법

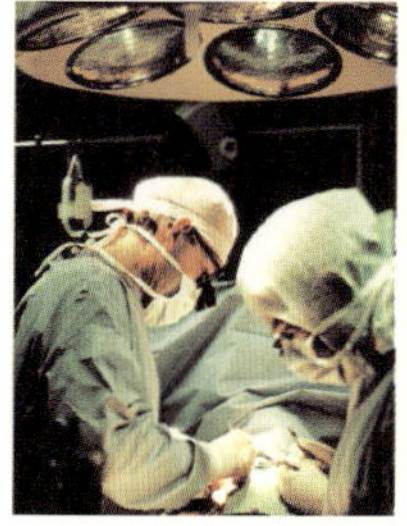

전화로 예약하고 찾아간다. 주치의 진찰실은 병원 분위기가 아니고 보통 사무실 같은 분위기라 긴장하지 않고 진찰을 받을 수 있다. 이때 전문적인 진찰이 필요하면 주치의가 전문의를 소개해 준다. 한밤중에 갑작스런 증상으로 주치의를 찾을 시간이 없을 경우는 망설이지 말고 911로 전화해서 구급차를 부른다. 구급차는 유료이므로 나중에 100-200달러 정도의 청구서가 날아온다.

02 의료비 지불

보험에 가입한 사람은 진찰을 받을 때 보험증을 지참하고, 의사에게 필요사항을 기입해 달라고 하는 것이 좋다. 보험회사에 따라 진찰과 입원비용을 직접 의사에게 지불하는 경우(큰 사고일 경우)와 본인이 임시로 그 비용을 대신 지불하는 경우가 있다. 자기는 어떤 경우인지 보험증을 잘 살펴보아야 한다. 병원비도 크레디트 카드로 지불하는 경우가 많은데, 우선 자기가 지불하고 나서 보험회사에 청구하면 된다. 자기가 직접 지불할 때는 영수증이나 진단서를 잘 챙겨야 한다. 미국의 의료비는 상당히 비싸 진찰만 해도 1회에 7만 원에서 21만 원 정도이고, 병실로는 1일 70만 원 이상(뉴욕), 수술비는 수백 만 원으로 한국과는 현격한 차이가 있다. 예를 들어, 맹장 수술을 하여 1주 입원하면 뉴욕에서 800-900만 원, LA에서 약 740만 원이 든다. 유학생은 한국에서 해외여행 상해보험 등에 가입할 것을 강조한다.

*** 2006년의 실제 에피소드**

911으로 구급차를 불러서 Emergency room(응급실)을 사용하게 되면 보험이 없을 경우 1만 불(약 1,000만 원), 산에 사는 사람이 너무 급해서 헬기를 한 번 불렀는데 나중에 청구된 금액이 3만 불(약 3,000만 원), 사랑니 난발치(뿌리가 깊어서 어렵게 빼는 수술)가 2,000불(약 200만 원) 이었다. 보험 없이 발생하는 의료 행위는 살인적으로 비싸다. 보험회사의 해외 보상 플랜이 있는 보험이나 여행자 보험은 꼭 챙겨야 할 필요가 있다.

07 우편과 전보

01 우편

미국의 중앙우체국은 일반적으로 오전 9시에 오후 5시까지만 영업한다. 단, 토요일은 열려 있어도 오전까지만 업무를 본다. 일요일이나 축제일은 쉰다.

우표는 우체국 이외에 시중의 Money change의 사인이 있는 가게에서 살 수 있고 또 호텔 로비, 드럭스토어, 터미널 등에 설치되어 있는 자동판매기에서 살 수 있다. 우체국에서 우표를 살 경우는 창구에서 "Five 50 cents stamps, please.(50센트 우표 다섯 장 주세요.)"라고 간단히 말하면 된다. 한국으로의 항공우편은 봉서가 0.5온스(14.18g편지지 2장 정도)마다 60¢, 항공서한(봉함엽서) 50¢, 그림엽서는 보통 36¢, 대형 44¢. 한국에 보내는 우편의 주소는 한글로 써도 좋겠지만, 마지막에 SEOUL, KOREA라고 명기하는 것이 좋으며, 항공편인 경우 Air Mail이라고 표시해 주는 것이 안전하다. 속달(Special delivery)이나 등기(Registered mail), 소포(Parcel)는 직접 우체국의 창구를 이용한다. 미국 국내에서 부치는 편지든 국내에서 외국으로 부치는 편지든 간에 기본무게를 초과하면 우표를 한 장만 붙여 보내는 것이 좋다. 왜냐하면 액수가 부족한 우표가 붙은 편지는 발신인에게 되돌려 보내기 때문이다. 중요한 편지는 분실을 예방하기 위해 Registered mail(등기우편)로 보내고, 급히 보내고 싶은 편지는 Special delivery(특별배달) 또는 Express mail(속달)로 부치면 되는데 물론 일반 편지요금보다 훨씬 비싸다. Express가 Special보다 조금 더 비싸다.

02 전보

전보에는 보통전보(Ordinary Telegram), 서신전보(Lettergram), 신문전보(Press Telegram) 등이 있다. 전보 이외에 초콜릿 전보(Candygram)나 꽃 전보(Flowergram) 등의 아주 다양한 서비스까지 있는 것이 특징이다. 전보는 주로 웨스턴 유니언(Western Union)사

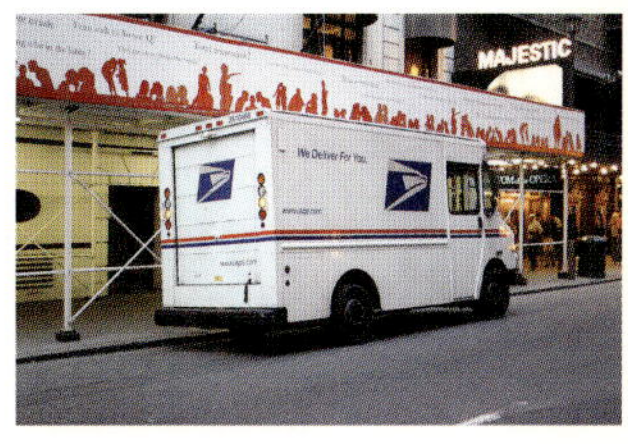

가 다루고 있다. 전보를 치려면 가장 가까운 웨스턴 유니언에 직접 가거나 전화 1-800-325-6000에 신청하면 된다. 거주지역의 웨스턴 유니언은 전화번호부에 나와 있다. 전보신청서(Telegram Form)에는 모두 대문자로 전문(Message)을 쓴다. 한국말로 칠 때는 로마자로 쓰면 된다. 우리나라에서처럼 전화정보도 가능하다. 전화로 전보를 칠 때는 로마자의 경우 스펠링을 하나하나 읽어주면 되지만, D와 P와 T, B 와 V, M과 N 등 혼동하기 쉬운 음을 국명, 또는 도시명이나 인명을 써서 "T like Turkey.", "D like Denmark.", "P like Paris.", "B like benjamin."이라는 식으로 말하면 정확히 교환(Operator)에게 전할 수 있다.

08 세탁과 이사

미국의 의류제품은 치수를 센티미터가 아닌 인치로 표시한다. 같은 사이즈도 나라마다 좀 다르므로 그곳의 비교표를 이용하면 편리하다.

01 빨래방

학생들은 대개 주 1회 빨래방에서 세탁을 한다. 학생 기숙사에서 생활하는 사람은 기숙사 지하에 있는 빨래방을 이용하면 된다. 아파트에 생활하는 경우 각 방에 세탁기가 딸려 있는 경우는 드물고, 대부분 공동 빨래방을 이용한다. 미국에서는 세탁물을 집 밖에 널어서 말리

지 않고 건조기를 사용한다. 건조기는 강력하기 때문에 옷이 잘 줄어드는 경우가 많으므로 주의한다. 섬세한 의류는 세탁 후 목욕탕에서 말리면 될 것이다. 세탁, 건조 1회에 1달러~1달러 50센트 정도 필요하다.

02 세탁소

바지, 코트 등 드라이클리닝이 필요한 의류는 세탁소에 맡긴다. 한국의 세탁소와 비교해 볼 때 그다지 정성들여 세탁해 주진 않지만 어쩔 수 없다. 미국학생들은 겨울 옷 외에는 드라이클리닝이 필요한 옷은 입지 않는데 유학생도 캐주얼한 복장을 하는 것이 좋다.

03 이사

귀국을 하게 된 경우나 미국 내에서 전학할 경우에는 이사를 해야 하는데, 귀국을 하게 된 경우는 짐을 우체국에서 우편으로 발송하거나 국제택배센터(UPS, DHL, Federal Express)에 맡기면 된다.

미국 내에서 이사를 할 때는 전화번호부에서 이삿짐센터를 찾는다. 학생일 경우 친구에게 부탁을 해서 자기 차에 짐을 싣고 이사를 하거나, RYDER 등 렌탈 트럭을 빌리면 된다. 이때는 자신이 직접 운전을 해야 하며, 거리 당 가격이 계산된다. 주의할 점은 이러한 이삿짐 회사들이 보유한 차들 중 오래된 차들이 많이 있으므로 주의해서 선택해야 한다.

09 전자제품

01 변압기

한국에 있는 전자 제품은 미국에도 거의 있다. 그러나 한국 전자 제품을 미국으로 가져가는 경우는 전압을 고려해야 한다. 미국의 전압은 115~ 120볼트로 주파수는 60헤르츠이다. 미국과 한국은 규격이 다르기 때문에 한국 전기 제품을 미국에서 그대로 사용 할 수는 없다. 무리해서 사용하다 보면 파손되 고 위험하다. 한국 전기 제품을 가져갈 경우는 한국에서 변압기를 구입해서 가지고 가자.

02 전기 / 가스

전기나 가스공급에 대해서는 주나 회사에 따라서 조금씩 다르다. 신청은 전화로 하며 아파트의 임대계약서만 있으면 가능하다. 보증금은 대부분의 경우 요구하지 않는다. 뉴욕과 같은 대도시의 경우 이들 수속은 부동산업자가 해주지만 미터기의 설치나 오픈 때에는 안전 상 본인이 있는 것이 좋다. 전기가스의 사용료 지불에는 체크를 우송한다. 2개월간 요금을 지불하지 않으면 통고 후 전기와 가스의 공급이 중단되는데 한번 중단되면 다시 개설하는데 10달러의 재개설 비용을 지불해야 한다.

10 각종 파티

01 각종 파티로의 초대장

미국에서의 파티는 형식을 갖춘 성대한 파티도 있지만 일반적으로는 음료수와 간단한 스낵 정도를 준비하고 여는 파티가 많다.

파티에의 초대는 대개의 경우 전화 아니면 구두로 한다. 때로는 정식으로 초대장을 보낼 때도 있다. 초대장의 경우 카드 맨 아래에 R.S.V.P. (프랑스어 R' epondex s' il Vous plait = "Please reply")라 씌어 있으면 반드시 참석 여부를 회답해야 한다.

02 파티 참석하기

구미인들에게 있어서는 파티는 윤활유와 같은 역할을 한다.

파티를 좋아하는 국민이고 실제로 파티를 즐긴다. 어린이로부터 노인에 이르기까지 파티는 평생 함께 따라다니며, 파티의 종류에 따라서 호스테스(hostess)로서의 아내의 태도가 남편의 일에까지 영향을 끼치는 경우가 있을 정도이다.

상대방의 흥미를 민감하게 알아내어 화제를 제공하는 호스트, 호스테스야말로 사교술이 좋다고 할 수 있다. 우리나라 사람들은 파티에 익숙하지 못한 데다 낯선 사람들끼리 즐겁게 담소하는 것이 서툴지만 외국에서의 생활은 사교법을 익히는 좋은 기회로 삼고 적극적으로 행동하는 것이 바람직하다.

대부분의 파티에서는 필요 없지만, 많은 사람이 회비를 모아 개최하는 파티일 경우, 연예인 초청이라든가 어떤 도구가 필요할 때가 있다. 그럴 경우에는 전화부의 Party Information and Planning Service나 Party Supplies Retail and Rental 등의 항을 찾아서 업자에게 문의하면 된다.

03 디너파티 참석

육류요리 중심으로 차려지며 육류가 없을 경우에는 그것에 대신할 만한 요리가 있고 일반적으로 식사 전의 술과 식후의 스낵을 포함한 풀코스로 이루어지며, 격식으로서는 최고이다.

값비싼 재료와 여러 가지 호화로운 그릇을 사용하므로 사람의 수가 적은 파티에 한한다. 같은 파티일지라도 사람의 수가 많을 경우는 뷔페스타일, 다시 말해서 입식(立食)형으로 연다. 입식이라 할지라도 적당히 의자를 찾아 앉게 되어 있다.

음료는 주류, 콜라, 주스, 밀크 등을 준비하지만 종교상의 이유로 알코올이 없는 경우도 있다. 초대받았을 경우 무엇을 선물로 갖고 가는 것이 좋을지 몰라 당황하는데 상대방에게 전화로 물어보아도 실례가 아니므로 상대방도 거리낌 없이 요리한 가지 또는 포도주 두 병, 케이크 한 개라고 대답한다. 아무것도 필요 없다고 하면 꽃다발이 무난하며, 술을 좋아하는 집안이면 약간 진귀한 위스키나 포도주로 족하다.

복장은 초대하는 쪽도 초대받은 쪽도 정장을 해야 하며, 때로는 포멀웨어를 입는 것이 예의이다. 만일 정식 초대장을 받았으면 회답을 해야 한다는 표시이므로 반드시 전화나 편지로 참석 여부를 회답한다. 초대하는 쪽은 여러 가지 준비가 필요하기 때문이다. 이것은 모든 파티에 해당한다. 게다가 구미인들은 디너와 서퍼(Super)를 분명히 구별한다. 서퍼에 '참석해 주세요' 라는 초대를 받으면 함께 식사라도 하자는 뜻이므로 어려워 말고 평상복 차림으로 가면 된다. 대개는 가벼운 식사 정도이다.

04 파틀럭 파티

파틀럭 파티(Potluck Party)는 미국 특유의 즐거운 파티의 하나이다. 참석자가 개인 단위일 경우는 각자 한 가지씩, 가족 단위일 경우는 한 가지 내지 두 가지의 요리를 지참하고 와서 여는 파티로 사람 수가 많으면 많을수록 또 여러 인종이 모일수록 호화롭고 즐거운 파티가 된다.

요리를 지참하는 데는 두 가지 방법이 있는데, 하나는 어떤 요리도 상관없으니 가장 자신 있는 것을 지참하는 방법이다. 메인디시가 너무 많거나 샐러드류가 부족한 경우가 있을지도 모르지만 참석자로서는 마음 편히 참여할 수 있다.

또 하나는 돌보는 사람을 정하고 참석자에게 이러 이러한 요리를 가져오면 좋겠다고 할당하는 방법이다. 파티가 끝나면 참석자 전원이 뒷마무리를 하고 자기가 지참한 그릇들을 갖고 돌아간다.

05 생일 파티

■ 어른의 경우

디너파티와 같은 형식이 된다. 사람 수가 20명을 넘을 경우도 있으므로 뷔페스타일이 많다. 복장은 초대하는 쪽도 초대받는 쪽도 남자는 넥타이에 정장을 해야 하고 여성도 드레스를 입어야 한다. 선물은 $5~10 정도의 것으로 비싼 것이 아니라도 충분하다.

■ 어린아이의 경우

2, 3세의 유아로부터 시작한다. 가정에 초대하거나 초대받는 경우, 레스토랑 등을 빌리는 경우, 학교 교실에서 여는 경우도 있다.

◉ 6-7세까지는 각 가정에 친구들을 불러서 연다

초대를 받으면 부모가 참석 여부를 대답한다. 초대할 경우도 부모를 통해서 연락하는 쪽이 확실하다. 어린이의 자주성을 존중한 나머지 모든 것을 맡겨두면 부모와 자녀간의 연락이 잘 이루어지지 않으며 당일에도 오는지 안 오는지 분명치 않게 된다. 파티 시간은 점심시간이나 3시의 간식 시간에 맞추면 좋다. 부모는 파티가 있는 집까지 데려다 주고 거기서 끝나는 시간을 물어 다시 데리러 간다. 시간은 2~3시간이 적당하다. 초대하는 쪽은 생일 케이크, 주스, 포테이토칩 등을 준비한다.

점심일 경우는 스파게티, 피자, 햄버거 중 하나를 추가한다. 또 아이들에게 줄 캔디나 풍선 등이 든 선물 봉지(Party Box)를 어린아이의 수만큼 갖추고, 식사 후에 아이들의 놀이도 몇 가지 준비한다.

◉ 초등학교 고학년이나 중학생이 되면 맥도날드 같은 레스토랑을 빌려 여는 경우도 있다

레스토랑에는 이런 종류의 파티에 익숙해진 젊은 호스테스가 있어 잘 진행시켜 준다. 1인당 $3 정도의 예산으로 음식물에서 선물까지 제공하는 가게도 있는데, 선전을 겸하기 때문에 싸게 해주는 경우이다.

모든 음식점에서 파티가 가능하다고 볼 수는 없으므로 주최자가 될 때는 미리 음식점과 의논한다. 부모가 함께 참여할 경우, 부모의 몫은 보통의 메뉴로 주문하고 각자 지불한다.

◉ 보육원, 유치원, 초등학교 저학년에서는 학교에서 생일 파티를 열 수가 있다

스낵 시간을 이용해서 열리는데 엄마는 컵케이크와 주스 정도를 준비하여 담임 선생님에게 보낸다. 선생님의 사정도 있으므로 미리 선생님과 의논할 필요가 있다.

11 휴일과 축제

미국의 축제일은 1월 1일의 New Year's Day에서 시작하여 12월 25일의 크리스마스에서 끝난다. 한국에서는 추석이 1년 중 가장 중요한 축제일이지만, 미국에서는 크리스마스가 축제일이다. 1월 2일이 주말이 아니라면 평일은 2일부터 업무가 시작되며 학교는 3일 경부터 개학이다. 축제일은 대개 월요일로 돌리고 3일간 연휴가 된다. 단, 크리스마스와 독립기념일만은 이동하지 않는다. 이밖에 주(州)나 시(市)에 따라 더 늘어나므로 주의가 필요하다. 축제일이나 휴일은 많은 가게가 문을 닫는다. 또 12월 24일과 12월 31일은 대부분의 사무실이 12시 경 업무를 끝낸다.

▌ 전국축제일

· New Year's Day 1월 1일
· Martin Luther King Jr. Day 1월 셋째 월요일
· Washington's Birthday 2월 셋째 월요일
· Easter Sunday 3월 하순~4월 상순(해마다 다르다)
· Memorial Day 5월 마지막 월요일
· Independence Day 7월 4일
· Labor Day 9월 첫째 월요일
· Columbus Day 10월 둘째 월요일
· Veteran's Day 11월 11일
· Thanksgiving Day 11월 넷째 목요일
· Christmas 12월 25일

12 Summer Time

미국에서 서머타임은 "Daylight Saving Time"으로 불리어지고 있다. 4월 첫째 월요일에서 11월 첫째 일요일까지 7개월간은 시계침을 1시간 빨리 하는 것이다. 이 때는 일몰시각이 늦어지는 시기므로 낮 시간을 유용하게 사용할 수 있으며, 장소에 따라서는 밤 9시까지도 환하게 밝은 곳도 있다.

4월과 11월에 서머타임의 시간을 잊고 여행 스케줄을 잡으면 도착시간이 바뀌어 갈아 타려고 했던 비행기나 버스 시간에 제때 맞춰 도착하지 못할 수도 있다. '설마' 하고 생각할지 모르겠지만, 이것은 의외로 한국인에게 많이 있는 실수이다. 서머타임의 시작과 끝나는 날짜도 해마다 미묘하게 다른 느낌이다. 게다가 인디애나 주의 일부와 아리조나 주, 하와이 주는 서머타임을 실시하지 않는다.

13 미국의 기후

01 기후특성

미국 본토는 북위 40° 선을 중심으로 한 온대에 위치하여 전반적으로 온화하지만, 남북의 위도 차이가 24° 나 되어 기후 차이가 심하다.

북부지역은 대륙성 기후로 봄, 여름에 걸쳐 온난하고 강우량도 많지만 겨울에는 한랭하며 강설량이 가장 많은 지역이다.

남부는 온대 또는 아열대에 속하지만 텍사스 주는 강우량이 적고 스텝지대에 속하며, 플로리다 주는 강우량이 많다. 태평양 북부해안지역은 해양성 다우지대로 기후는 온화하고, 강우량과 서리도 많은 편이다.

태평양 남부해안지역은 아열대성 건조지대에 속하며, 여름에는 강우량이 거의 없는 건조지역이다. 텍사스 주 서부에서 로키산맥에 이르는 지역은 구릉지대에 속하며, 기후의 변화가 매우 심하다. 대서양 연안은 해양성 기후, 중부는 대륙성 기후이며 멕시코 만은 아열대성 기후다.

캘리포니아 주 남동부, 네바다, 아리조나, 유타 주 등은 사막지대로 연간 강우량이 극히 적다. 캘리포니아는 지중해성 기후로 1년 내내 따뜻하며, 4~10월은 거의 비가 오지 않는다. 단, 샌프란시스코는 예외로 여름에도 안개가 끼면 스웨터가 필요할 정도로 추울 때가 있다. 대평원과 오대호는 전형적인 대륙성 기후로 여름은 덥고, 겨울은 몹시 춥다. 밤낮의 기온차가 크고, 여름에는 천둥번개와 회오리바람이 자주 발생하기도 한다.

⊙ 서해안 지방

로스앤젤리스(Los Angeles)와 샌프란시스코(San Francisco), 시애틀(Seattle) 등이 위치한서해안은 지중해성 기후지역으로서, 1년을 통틀어 기온에 큰 변화가 없다. 4월에서 10월에는 거의 비가 내리지 않고, 나머지 기간에도 비는 약간씩 내리지만 따뜻한 편이다. 단, 샌프란시스코는 예외적으로 여름에도 서리가 내리는 경우가 있어, 스웨터를 준비하는 것이 좋다.

⊙ 내륙지방

라스베가스(Las Vegas) 등의 내륙 사막지대는 기온의 일교차와 연교차가 매우 심하다. 계절에 상관없이 30°C 이상의 일교차가 나고, 겨울에는 −10°C 이하가 된다.

⊙ 로키 산맥(the Rockies) 지대

산악지대이므로 봄이나 여름에는 기온이나 습도가 그다지 높지 않아 산을 넘기에 적당하다. 하지만 겨울은 눈에 항상 뒤덮여 있어 아주 추운 편이다.

⊙ 오대호(Big 5 Lakes) 지방

시카고, 디트로이트(Detroit) 등이 있는 오대호 지방은 전형적인 대륙성 기후를 띤다. 여름에도 서늘하고 겨울에는 상당히 춥다. 밤낮의 기온차도 큰 편이고, 여름에 천둥과 회오리바람을 동반하기도 한다.

⊙ 남부지방

올랜도(Orlando), 마이애미(Miami) 등이 있는 플로리다(Florida)는 1년 내내 비가 많고 습기가 많다. 특히 여름에는 천둥을 동반한 집중호우가 내리기도 한다.

⊙ 동부해안 지방

일반적으로 봄과 가을이 짧다. 여름에는 40°C 를 넘을 때가 있는 반면, 겨울은 영하 10°C 이하가 되는 날이 많다. 오대호 주변에 저기압이 발생하면, 이 일대는 짧으면 3~4 일, 길면 일주일 이상, 비나 눈이 오는 경우도 있다.

02 일기예보

⊙ TV

여행자에게 가장 도움이 되는 것은 밤 10시 또는 11시의 로컬뉴스의 일기예보이며, 케이블 TV 수신이 가능한 경우 전국적인 일기예보를 하는 Weather Channel이 별도로 있다.

⊙ 신문

미 유일의 전국지인 USA TODAY 뒷면의 전 페이지는 컬러로 된 일기예보로 메워져 있으며, 여타 일반 신문들도 간단한 일기예보를 싣고 있다.

⊙ 인터넷

Yahoo.com이나 weather.com 등과 같이 인터넷으로 모든 미국지역의 날씨를 확인할 수 있다.

⊙ 온도계산(미국기온표시)

- 섭씨(C : Centigrade)온도 = (화씨 : Fahrenheit? 32)/1.8 .
- 섭씨 37°C = 화씨 98.6°F, 섭씨 30°C = 화씨 86°F. 섭씨 25°C= 화씨 77°F, 섭씨 15°C = 화씨 59°F . 섭씨 10°C = 화씨 50°F, 섭씨 0°C = 화씨 32°F

〈미국의 주요도시 월별 온도〉 (단위 : °C)

구분	1월	2월	3월	4월	5월	6월	7월	8월	9월	10월	11월	12월
뉴욕	1	2	5	10	16	21	24	23	20	14	8	2
워싱턴	13	3	8	13	19	24	26	25	21	15	9	3
마이애미	21	21	22	24	25	27	28	28	27	26	22	21
시카고	-4	-3	3	9	15	21	24	23	19	12	4	-2
덴버	-1	2	4	10	14	20	24	22	18	12	5	1
휴스턴	12	14	17	21	25	28	29	29	27	23	17	13
시애틀	5	7	8	11	14	17	19	19	16	12	8	6
L.A.	13	13	15	17	19	20	23	23	22	20	17	14

03 출장 시 복장체크

출장 지역에 따라 기온 차이가 심한 점을 감안한 복장준비가 요구된다. 2~3개 이상 지역을 출장 갈 경우, 각 지역 특성에 맞는 여러 개의 복장을 미리 준비할 필요가 있다.

09

교통정보

교통정보

어느 곳에서나 이동수단을 확실히 꿰고 있어야 좀 더 생활하기가 편리할 것이다. 이번 장에서는 미국의 대표적인 교통수단과 중고차 구입부터 판매까지 교통정보를 알아보자.

01 미국의 교통수단

각 도시마다 대중교통의 운행 방식에 다소 차이가 있지만 기본적인 것은 같으므로 기억해 두자. 버스, 지하철은 먼저 노선도를 입수한다. 관광 안내소나 지하철역에서 얻을 수 있다. 학교 가는 통학로의 적당한 노선을 찾아보자. 홈스테이의 경우는 호스트 패밀리에게 물어 본다. 버스와 지하철은 일상생활에서 발과 같은 역할을 한다. 잘 살펴보고 연구해서 효과적으로 이용하자.

01 버스

먼저 노선도를 보고 행선지와 버스 번호를 체크한다. 버스정류장은 한국처럼 커다란 표시가 되어 있지 않고, 형식적인 표시만 되어 있는 경우도 많다. 버스는 앞문으로 타며, 탑승하면서 요금을 요금함에 투입하는 자율버스가 대부분이므로 요금은 가능한 한 잔돈으로 준비해 둘 필요가 있다. 잔돈이 나오는 자동 요금함은 없다. 버스 정류장에서 버스를 기다리다 보면 가끔씩 "Small change?"라고 말을 걸어오는데 자신이라고 해서 그런 입장이 되지 않는다는 보장은 없으므로 잔돈을 갖고 있을 경우에는 기분 좋게 바꾸어 주도록 하자. 버스는 타는 것보다 내리는 것이 더 어렵다. 버스 안에는 안내방송이란 것이 전혀 없다. 게다가 정류장 표시도 아주 작게 되어 있으므로 지도와 도로의 이름을 비교해서 감을 잡는 방법 밖에 없다. 내릴 때는 창틀에 있는 버튼(또는 벨트)을 누르거나 창이나 천정에 붙어 있는 와이어를 잡아 당긴다.

02 택시

요금은 매우 비싸지만 시간이 없을 때, 짐이 많을 때, 밤늦게 이동할 때, 주소는 알지만 행선지를 찾을 수 없을 때 이용하면 아주 편리한 교통수단이다. 도시에서는 손님을 태우려고 돌아다니는 택시가 많으므로 눈에 띄도록 손을 들어 잡는다. 대도시 이외에는 거리에서 택시를 잡기 어려우므로 전화를 걸어 택시

를 불러야 한다. 택시는 자동문이 아니고 자기가 직접 문을 열거나 운전수가 열어주는 경우도 있다. 거리를 돌아다니는 택시 가운데는 그런 경우가 드물지만 공항에서 손님을 기다리는 택시 중에는 가짜 택시나 여행지를 속이려는 악질 운전수가 섞여 있는 경우도 있다. 차체나 보닛(Bonnet)에 라이선스가 붙어 있는지, 미터기가 부착되어 있는지를 반드시 확인하고 타자.

03 지하철

운행 방식은 한국과 크게 다르지 않다. 요금 지불 방식으로는 뉴욕이나 보스턴처럼 토큰이나 정해진 금액을 지불하고 개찰수를 통과하면, 개찰구로 다시 나올 때까지 구간의 끝에서 끝까지 갈 수 있는 전체 구간이 균일요금인 경우와 목적지마다 요금이 달라지는 경우가

있다. 이 경우 목적지까지의 요금을 확인한 뒤 자동판매기에서 승차권을 구입한다. 이때에는 지불한 금액만 승차권에 기록되는 페어 카드로 되어 있는 곳이 많다. 여러 번 지하철을 이용할 사람은 한꺼번에 요금을 지불하고 승차권을 사 놓으면 편리하다.

02 자동차 렌트

미국에서는 자동차가 신발과 같다는 말을 많이 한다. 사실 처음에는 이 말을 실감하지 못할 것이다.
'아무리 나라가 크기로서니 설마 자동차 없으면 생활을 못 할까?' 그러나 이것은 사실이다. 워낙 광활한 국토를 가지고 있는 나라이기에 뉴욕, 시카고, 보스턴, 시애틀 등 몇 몇 대도시를 제외하고는 자동차가 없으면 상당히 불편하다. 그래서 미국에서는 모텔과 더불어 렌트카 제도가 상당히 잘 발달되어 있다.

구미인들은 자기 자동차를 대부분 소유하고 있지만, 다른 지역에 출장을 갈 때나 여행을 떠날 때는 렌트카를 많이 이용하고 있다. 우리 생각으론 왜 자기 차를 놔두고 비싼 렌트카를 이용하느냐 하는 의문을 가질 수도 있겠지만, 이 나라의 도시에서 도시를 이동해본 경험이 있는 사람들은 그 이유를 이해할 수 있을 것이다.

우리나라는 가장 먼 거리라 하더라도 차로 5시간 정도면 갈 수 있지만, 미국은 생필품이나 쇼핑하러 갈 때도 2~3시간을 운전해서 나가거나, 이웃 도시를 방문하는데 10시간 이상 운전하는 것은 보통이다(LA에서 뉴욕까지 비행기로 6시간, 자동차로 1주일 이상 소요). 따라서 그 먼 거리를 여행할 때는 비행기나 암트렉(미국 철도)으로 목적지까지 간 후, 공항이나 시내의 렌트카 대리점에서 차를 렌트해 업무나 여행을 마친 후 다시 반납하고 돌아온다.

재미있는 것은 이런 사람들(다른 주로 이사가거나 장기간 출장 가는 사람들)은 며칠간 해야 하는 힘든 운전을 하는 대신에 자기는 비행기나 기차로 목적지까지 가고, 자기의 자동차는 다른 사람(주로 배낭여행하는 젊은이들)들에게 맡기는 프로그램도 있다. 유스호스텔 게시판을 자세히 살펴보면 심심치 않게 볼 수 있을 것이다.

01 미국에서의 렌트카는?

미국은 한마디로 렌트카의 천국이다. 넓은 국토 덕분에(?) 멀리 출장을 가거나 여행을 갈 때 미국사람들은 렌트카를 많이 이용하는데, 자기차가 노후되어 장기 여행이 불안하거나, 자기차를 아끼려는 것이다. 그래서 출장이나 여행시 쾌적한 비행기나 기차로 일단 목적지까지 이동한 후, 목적지의 공항이나 터미널에서 차를 렌트하여 업무를 보는 것이 일반적이다.

이런 이유로 미국 전역 어디를 가더라도(중소도시까지는 전국 규모의 렌트카 회사, 조그만 시골 동네에는 소규모의 개인 렌트카 회사가 있다) 쉽게 차를 렌트할 수 있다. 한국에서는 차가 없다거나 고장날 경우 렌트카를 이용하지만, 미국은 여행이나 출장시의 교통수단의 하나로서 렌트카를 이용한다.

02 주 고객은 누구인가?

- 장기 출장을 많이 하는 비지니스 맨(비행기로 여행 후 공항에서 렌트카 이용)
- 자기 차가 노후되어 장기 여행이 불안한 사람들(미국에서는 2~3시간을 달려도 민가나 휴게소가 없는 경우가 많다.)
- 자기차를 많이 아끼는 경우(한 번 여행을 갔다 오면 보통 4~5천km 주행은 보통이므로)
- 차가 없는 단기 체류자들(한국이나 일본 유학생들, 외국인 여행자들)
- 기타 여행객들

03 어떤 회사를 선택해야 하나?

■ 전국에 체인망이 있는 회사의 장단점

장거리 여행시 Unlimited Mileage이므로 마음 놓고 장거리 여행을 할 수 있으나, 소규모 회사보다 비싸다(약 20%). 예약하면 자기 집까지 픽업하러 오는 서비스를 받을 수 있다. 역시 단점은 조금 비싼 가격일 것이다.

■ 동네나 학교 안에 있는 소규모 회사의 장단점

대규모 학교 내의 주말 스페셜 등을 이용하면 주말여행을 정말 싼 렌트로 다녀올 수 있다. 이것은 가격이 대규모 회사보다 약 20% 이상 저렴한 반면, 대부분은 주행거리에 제한을 두고 있다. 여행 후 제한거리를 초과한 경우에는 마일당 엄청 비싼 비용을 추가지불해야 한다. 그러므로 근처의 관광지나 제한거리 내로 잠깐 다녀올 경우에만 이용한다. 초과 비용이 렌트 비용보다 훨씬 많을 수 있다. 그리고 픽업서비스도 거의 없다.

■ 주로 이용했던 회사는?

필자는 학교 내의 소규모 렌트카 회사에서 주말스페셜(금요일 오후부터 다음 주 월요일 오전까지, 평상시 요금의 80%, 사전예약 필수)을 많이 이용했는데, 장거리 여행시는 HERTZ(국내에서는 금호렌트카가 대리점)를 많이 이용했다.

HERTZ은 미국 전역에 수천 개의 대리점이 있는 회사로 AVIS와 더불어 미국에서 가장 큰 회사다. 회사 규모가 크기 때문에 어느 도시, 어느 공항을 가더라도 대리점이 있어 렌트 또는 반납이 용이하고, 차에 문제가 발생하면 주변의 대리점에서 즉시 다른 차로 교환가능하고 다양한 차를 선택할 수 있다. 참고로 AAA(미국 자동차 서비스 회사)에 가입하면 HERTZ 할인권을 주는데 이 쿠폰을 이용하면 5%의 할인을 받거나, 한 등급 높은 차를 같은 가격에 렌트할 수 있다.

04 선택사양은 무엇이 있나?

- 장애인용 차량
- 스키 Carrier
- 어린이 시트
- 크루즈 콘츠롤(B급 이상)
- 핸드폰

05 어디서 렌트하는가?

공항이나 시내에서 주로 한다. 시내나 쇼핑가 근처에 대리점들이 있으며, 대규모의 학교 안에도 위치해 있다. 거의 대부분의 공항에는 렌트카 대리점들이 위치해 있다.

⊙ 자격 요건은?

운전면허증이 있는 성인이면 누구나 가능하다. 외국인에 대한 차별은 없다(단, 신용카드를 요구하는 경우가 많다).

⊙ 렌트하려면 무엇이 필요한가?

- 운전면허증 – 한국면허증이 아니래(되는 곳도 있기는 하다) 국제 면허증 가능함.
- 신용카드 – 필수 항목으로 이 신용카드로 신원을 확인한다. 렌트카 회사는 차 회수에 신경을 쓰므로 현금 지불을 하면 처음에는 신용카드를 요구하거나 보증금을 요구하기도 한다. 외국인들에게 특히 중요하게 본다(그러나 소규모의 회사에서는 없어도 되는 경우도 많다).
- 예약 확인서(국내에서 예약한 경우)
- 여권

06 나이 제한은 없나?

있다. 대부분의 주에서 21세 이상이면 가능하나, 어떤 주에서는 25세 이상인 경우도 있다. 그리고 25세 미만인 경우 과징금이 부과되어 약 10%쯤 비싸다.

07 예약 시간이 초과되면?

예약시간이 초과되면, 시간당 아주 비싼 초과요금이 부과(55분 늦으면 OK)된다. 6~7시간만 초과해도 하루 렌트 비용과 비슷해지므로 일정이 변경되었거나, 만약 제시간에 도착이 불가능할 경우라면 사전에 전화로 예약을 변경하여 불이익을 받지 않는다.

08 장기 렌트시 가격은?

1달간 장기 렌트를 할 경우 대규모 회사의 경우는 약 800~900달러 선(세금포함)이며, 학교나 동네에서 렌트하는 경우(주행거리 제한 있음) 약 600달러 선이다.

09 한국에서도 예약할 수 있나?

한국에도 미국 렌트카 회사의 대리점들이 있으므로 여행 전 예약을 한국에서 하고, 미국 도착 후 공항에서 예약 확인서를 보여주고 바로 렌트할 수 있다. 국내에 있는 렌트카 회사의 대리점 전화번호는 다음과 같다.

- Avis(Vip 렌트카) : (02)852-8892
- Hertz(금호 렌트카) : (02)798-1515
- National(삼보 렌트카) : (02)797-5711

10 Unlimited Mileage의 가격은?

약 20% 정도 비싸다. 그러나 장거리 여행시 정말 효율적이다. 기간 내에는 주행거리에 상관없이 얼마를 달려도 괜찮고 반납할 때도 눈치를 주는 일은 없다. 우리의 경우 반납할 때마다 거의 불가능한 주행거리에 존경스러운 눈으로 쳐다보았다. 처음에 반납할 때는 엄청난 주행거리 때문에 불이익이나 있지 않을까 약간 긴장했었으나 차키만 반납하니 끝이었다.

11 외국(캐나다, 멕시코)으로도 나갈 수 있나?

여권만 있으면 가능하다. 다시 미국으로 넘어올 때는 유효한 비자가 반드시 있어야 하며, 주류나 기타 상품을 구입했는지 물어보지만 유학생들은 거의 트렁크 검사를 안 한다.

12 예약은 어떻게 하나?

- 한국에서 출발 전 국내 대리점에 예약하는 방법
- 현지에서 컴퓨터 온라인으로 예약하는 방법
  내가 사용했던 방법으로 인터넷을 통해(Yahoo에서 입력창에 'Rental cars' 하면 여러 회사가 뜸), 각 회사의 온라인 예약을 할 수 있다. 날짜, 차종, 카드번호, 쿠폰번호(가지고 있는 경우) 등을 입력하면 바로 가격 등이 나오는데 예약을 원하면 예약 버튼을 클릭하면 된다. 이때 예약 번호나 예약 내용이 나오면 한 장 프린터해서 보관한다. 이 방법의 장점은 여러 번 다른 내용의 가격들을 알아보고 가장 알맞은 것으로 선택할 수 있다.
- 전화로 예약하는 경우
  신용카드 번호, 목적지, 차종, 렌트 날짜, 기간, 보험 등을 물어본다.
- 직접 방문하는 경우

13 결제 수단은?

어느 회사나 카드 결제를 선호한다(후불). 현금 지불시에도 렌트시 카드를 보여주고, 차 반납 후 현금으로 결제하면 된다. 대빗카드의 경우 사용 불가능한 곳이 많다. 여행자 수표나 개인수표 사용시도 현금 사용시와 마찬가지로 신용카드를 요구한다.

14 렌트(Check Out)는 어떻게?

먼저 렌트카 데스크에 가서 예약 번호를 알려 주면 확인 후 운전면허증, 신용카드를 요구해 컴퓨터에 입력한다. 그리고 사진을 보면서 차종을 선택하고 반납시 기름을 채워서 반납할 것인가 아닌가를 물어본 후 어떤 보험을 가입할 것인가를 물어본다. 보험은 여러 옵션이 있으나 외국인 입장에서는 돈이 조금 더 들더라도 Full Coverage를 선택하는 것을 권하고 싶다(그리 차이가 없다). 이제 컴퓨터에서 예약 내용을 프린트해 건내주면 한 번 확인 후 보험증서와 계약서에 사인하면 끝이다. 키와 차의 위치를 가리켜주면 차에 탑승한 후 여러 가지 장치의 이상 여부를 확인하고 이상이 없으면 차를 멋지게 몰고 나오면 된다. 기름은 항상 가득 채워져 있고 대부분의 차들이 최신 차량이며 2만km 이내의 차량들이다.

15 외국인에게 불이익은 없나?

확실한 신원을 보장할 수 있는 여권과 신용카드만 있으면 불이익은 없다.

16 보험은 어떻게?

여러 종류의 옵션들이 있으나 Full Coverage를 권장한다. 이 경우 여행시 일어나는 모든 사고(접촉사고, 도난, 귀중품 분실 등)에 대해서 보험회사가 책임을 진다. 가격은 회사나 주에 따라 약간의 차이는 있으나 대략 하루에 11달러 선이다.

17 세금은 얼마나?

주에 따라 다르다. 그리고 일반소비세 보다 더 비싼 세금이 부과된다. 예를 들면 뉴욕의 일반 소비세는 8%이고, 렌트시는 13%가 부과된다.

18 사고시 요령은?

먼저 차를 길가로 이동시킨 후(한국처럼 길 가운데에 세워놓으면 안 됨) 인적사항, 차에 대한 정보(차종, 연식, 컬러 등), 그리고 보험에 대한 정보를 서로 교환한다. 상대방이 렌트카가 아니라 일반 보험에 가입했다면 보험 가입 메모(보험번호, 차종, 주소 등이 적혀 있고, 여러 장 중 한 장을 찢어 상대방과 교환할 수 있도록 되어 있다)를 한 장 받으면 되고, 주위의 목격자 연락처를 알아두고 카메라가 있다면 나중을 대비해 한 장 찍어 둔다. 계속 여행하다 차량 반납할 때 반납 받는 직원에게 사고에 대한 자초지정을 이야기하고 상대방의 정보를 주면 사고 보고서를 준다. 여기에 간단히 사고 경위(그림과 곁들어)를 적고 사인한 후, 복사본 한 장을 받으면 끝이다. 그 이후는 보험 회사가 알아서 한다. 필자도 여행 중 접촉사고를 낸 적이 있는데 모든 것을 보험회사가 처리해 주었다. 보험료의 본전을 뽑은 셈이다.

19 반납(Check In)은 어떻게?

예약 시간에 맞춰 반납지정장소(예약시 지정한 장소)에 가서 반납장소 표시 ("Return Rental Cars")를 따라 가면 반납직원들이 있다. 이때 빈 공간에 차를 세워 두고 모든 소지품들을 꺼낸 후 기다리면 잠시 후에 직원이 소형컴퓨터(스캐너 같은 것)로 차량에 붙어 있는 바코드를 읽고 주행 마일을 입력하면 자동으로 요금이 계산 되어 영수증이 나온다. 맨 처음 사용했던 카드라면 그냥 결제하면 끝이지만, 현금이 나 수표로 결제하려면 다시 데스크로 가서 돈을 지불하면 신용카드의 청구 금액을 지워 준다. 대부분의 직원들은 차의 상태를 거의 제대로 확인하지 않고 육안으로 대 충 지나가면서 보는 정도며 무슨 사고나 문제들이 없었냐고 물어보는 정도다.

20 렌트카 회사의 서비스는?

차가 없는 사람들을 위한 픽업 서비스가 있다. 사전에 시간과 장소를 예약하면 그 시 간에 맞춰 차로 픽업해 렌트카 회사까지 데려다 준다. 집으로 돌아갈 때도 가능하다.

21 가격 체계는?

성수기와 비수기, 주말이냐 평일이냐, 그리고 25세 이하냐 이상이냐에 따라 달라진 다. 또한 지역에 따른 차이도 있는데 플로리다와 같은 관광객들이 붐비는 곳은 렌트 카 회사가 너무 많아서 경쟁이 심하기 때문에 렌트 가격이 일반 도시에 비해서 약 30% 정도 저렴하다.

03 중고차 구입 _ 중고차 구입요령

01 중고차란?

미국에서의 중고차 매매는 한국에서와는 달리 많은 사람들이 차를 구입하는 수단으로 활용하 기에 누구나 쉽게 사고 팔 수 있도록 법 자체가 정말 간단하다. 새 차 시장과 더불어 또 하나의  거대한 자동차 시장이다. 자동차는 부의 과시나 신분을 나타낸다기보다는 생활하 는데 없어서는 안 될 신발처럼 어느 작은 시골 마을을 가더라도 중고차 시장은 꼭 존재한다(몬타나의 어느 시골에 가니 차 5~6대로 중고차 가게라는 곳도 있었다).

02 중고차를 살 것인가? 새 차를 살 것인가?

3~4년 장기 유학이 아니라면 저렴한 돈으로 좋은 차를 구입하는 것도 지혜로운 선 택일 것이다. 그러나 장기 유학을 할 계획이면 새 차 구입을 권한다.

03 중고차의 대략적인 가격은?

학생들이 1~2년 동안 별 탈 없이 탈만한 중고 자동차의 가격은 대략 4,000~5,000달러(약 5~600만 원) 선이다(98~2002년 식 한국의 아반떼급을 기준). 물론 2~3,000달러(300만 원선)짜리 차도 잘만 고르면 괜찮은 차들이 꽤 있다.

04 어떻게 가격을 알아보나?

▪ 학교의 게시판에서

학생들이 가장 많이 이용하고 실제로 학교의 어딜 가나 자동차 파는 광고가 산재해 있다. 같은 학생끼리 사고 파는 것이기에 외국인 입장에서는 신뢰감을 갖고 살 수 있다.

▪ 신문을 보고 전화하는 방법

지역 일간 신문(특히 일요일자)들을 보면 중고자동차가 잘 분류(회사별, 차종별)되어 있다. 이곳은 개인들이 파는 난이기에 한국의 벼룩시장을 이용하듯이 맘에 드는 차가 있으면 전화해서 시간 약속을 정하고 방문해서 구경한다.

▪ 쇼핑센터 내의 무료 중고 자동차 잡지를 이용하는 방법

미국 어딜 가나 흔히 볼 수 있는 잡지로 개인의 광고보다는 중고 자동차 딜러 샵에서 사진을 포함해서 여러 종류의 차를 광고해 놓은 잡지다. 이 잡지를 보면 대충의 중고 자동차 시세를 알 수 있다.

▪ 인터넷을 이용하는 방법

인터넷상에서 원하는 자동차의 종류, 연식 등을 입력하면 그 지역 내에서 나온 매물들의 가격을 보여준다. 그러나 이 방법은 그리 추천하고 싶지 않다.

05 학교 게시판의 중고차 광고는 믿을 만한가?

믿을 만하다. 특히 영어 못하고 현지 사정을 제대로 모르는 유학생의 입장에선 이 방법이 중고차를 구입하는 가장 좋은 방법이라고 생각된다. 가격도 현실적이며 항상 많은 매물들이 나온다(특히 학기 끝날 때).

06 개인에게 사는 것의 장단점

개인에게 사면 딜러에게 사는 것보다 조금 저렴하게 살 수 있으나, 마음에 드는 차를 발견할 때까지 시간을 내서 여러 번 차를 보러 다녀야 하기에(차가 없는 상황에서) 조금은 어려운 일이다. 그러나 누가 차를 태워줄 사람이 있다면 여러 차를 둘러보고서 싼 가격에 좋은 차를 구입할 수 있다.

07 딜러한테 사는 것의 장단점

가격은 조금 비싸나(개인이 사는 것에 비해 약 10~20%) 한 곳에서 여러 종류의 차를 구경 할 수 있고, 구입 후 일정기간(약 3개월) 안의 고장은 무료 AS를 제공하므로 믿을 만하다. 중고차 딜러 샵도 등급이 있다. 어떤 딜러 샵은 중급 이상 차(5,000달러 이상의 차)만 취급하고, 어떤 곳은 비교적 싼 차(3,000달러 내외)만 취급하는 곳도 있다. 이런 싼 차를 파는 곳은 주로 흑인들이 많이 사는 곳에 위치해 있는 경우가 많다.

08 광고를 보고 전화해서 자동차 구경하기

학교에서나 신문, 잡지에서 맘에 드는 차를 발견했으면 이제 전화를 해서 약속장소(주로 차를 타는 사람의 집)와 시간을 정해서 만나 차의 상태를 살펴보고 맘에 들면 흥정을 한다. 이때 차가 너무 맘에 드는 내색을 하면 안 된다.

09 딜러 샵에 들러 구경하기

시내의 입구(중소 도시의 경우)나 시내 중심(작은 시골 도시의 경우)에 위치한 중고차 딜러 샵을 방문해서 주차장에 있는 차들을 둘러본다. 모든 차들은 차의 유리창에 가격, 연식, 주행거리 등을 기록한 윈도우 스티커가 붙어 있는데 이것과 자신이 생각했던 것과 어느 정도 일치하면 흥정을 한다. 너무 깎으면 'NO' 라고 한다.

10 흥정은 어떻게?

일단 맘에 들으면 자기가 바라는 금액을 말한다. 이때 너무 낮게 부르지 말고 여러 경로를 통해서 수집한 금액과 거의 비슷하게 불러야 한다. 한국에서처럼 많이 깎아 나중에 조금 더 주겠다는 생각을 가지면 차 사기가 힘들다. 그들은 자기가 생각하는 어느 일정 금액 이하(팔 때)거나 이상(살 때)이면 나중에 마음 바뀌면 연락하라고 명함주고 가버린다. 특별한 이상 발견시(차가 녹슬었거나 찌그러진 경우)는 이것을 트집 잡아 가격을 깎아본다.

11 차의 어디를 점검해야 하나?

한국에서 중고차 살 때와 비슷하다. 차량 외부, 차량 내부, 엔진실 상태, 트렁크, 사고흔적 유무, 모든 등(전조등, 후미등, 방향등)의 작동 여부. 이 모든 것이 괜찮다면 이제 직접 주행을 해본다. 어떤 사람은 키를 주면서 혼자 운전해보라고 하기도 하나 대부분 옆 좌석에 앉아 같이 간다. 원하면 양해를 구한 다음 가까운 고속도로에 나가서 속력을 내 차량의 떨림이나 브레이크 상태 등을 점검한다.

12 마음에 들면 자동차 구입하기(절차)

- 마음에 들면 차량 구입의사를 밝힌 후(가격 흥정 후) 언제 차량 인수가 가능한지 알아보고 시간과 인수장소를 정한다.
- 약속 날짜에 돈을 준비(수표나 현금)해서 약속장소에서 돈을 건네준 후 영수증을 받는다. 이때 파는 사람에게 학생이라 돈이 별로 없어 세금 내는데 어려우므로 영수증을 2개(1개는 진짜 영수증, 1개는 가짜 영수증(구입 가격의 약 50~60%선, 세금낼 때 세금을 적게 낼 수 있다) 써 달라고 정중하게 부탁하면 대부분 써 준다(미국에서도 이런 비리(?)가 있는 모양이다).
- Title(자동차 등록증)에 판매하는 사람이 구입자의 이름과 함께 사인을 해서 주면 이제 내 차가 되는 것이다.
- 판매자는 앞뒤의 번호판을 떼어다 자동차 등록사무실(DMV)에 반납해서 자동차 등록을 말살시켜야 한다.
- 문제는 번호판이 없는 차를 어떻게 끌고 가느냐 하는 문제가 있다. 그러므로 번호판을 떼기 전에 미리 부탁을 해서 차를 집까지 운전해 주면 친구가 다시 집까지 Ride 해준다고 하면 대부분 집까지 차를 갖다 준 후에 번호판을 떼어간다.

13 구입시 주의사항

- 가능하면 많은 차를 구경하라(시간을 내서 많은 발품을 팔고 돌아다닐수록 좋은 차를 구입할 수 있다).
- 구입시부터 한 사람이 계속 소유했던 차를 구입하라.
- 싼 차 중에서도 좋은 차가 많다.
- 사기 전 차에 조금이라도 이상이 있으면 즉시 알려서 가격을 깎는다.

14 보험은?

보험은 주위의 경험 있는 사람들한테서 조언을 구하여 좋은 보험회사를 선택하고, 차가 조금 비싼 경우(7,000달러 이상) Full Coverage 보험을 든다(연간 약 1,100달러 내외). 필자의 경우 가장 싼 보험(연간 650달러)을 들었다가 겨울에 눈길에 미끄러지는 사고를 당하고도 아무런 혜택을 받지 못했다(가장 싼 보험으로 내 차가 Demage를 입으면 내 돈으로 고치는 것이었다).

15 세금 납입하기

자동차 구입시 받아두었던 영수증(2개 받았으면 가짜 영수증)과 보험증를 가지고 자동차 등록 사무실(DMV)에 가서 세금(각 주의 세금, 예를 들어, 뉴욕의 경우 구입 금액의 8%)을 납입한다.

16 자동차 등록 및 번호판 받기

세금을 납입하면 영수증을 주는데, 이 영수증과 보험증서를 가지고 자동차 등록 창구에 가면 번호판 2개를 준다(Title은 등록 후 약 1달 후에 우편으로 도착한다).

17 구입 후 자동차 점검 및 수리

이제 자동차 번호판까지 붙였으니 내 차다. 그러나 중고차이므로 가까운 바디 샵에 가서 여러 가지 검사를 받아보고, 이상이 있으면 수리를 받는다.

18 새 차도 흥정이 되는 나라

사고 싶은 차가 있다면 최소한 두 군데 이상의 딜러에게 견적을 받아 보라. 적게는 몇 백 불에서 많게는 몇 천 불씩 가격이 다르다. 그리고 기분 좋게 가격을 쳐라. 예를 들어, 2만 불을 부르면 17,000을 불러라. 그러면 18,000에도 살 수 있다. 새 차가 흥정이 되는 나라가 미국이다. 중고차도 물론 마찬가지다(1천불 깎았다면 어디 가서 자랑하지 마라. 바가지를 쓴 것이다...).

04 교통사고 대처방법 _ 미국에서 교통사고 발생시

교통사고는 운전을 잘하는 사람에게도 일어날 수 있다, 따라서 자동차를 운전하는 사람은 사고 후에 발생할 모든 법적인 문제에 대비해두는 것이 현명하다. 사고가 난 후 어떤 조치를 취하여야 한다는 예비지식을 갖고 있으면 사고 후에 따르는 모든 법적인 문제를 줄이거나 방지할 수도 있다.

01 차를 멈출 것

현행 교통법은 사고발생으로 사람이 다쳤거나 어느 한쪽의 차가 상했을 경우에 일단 운전을 중지하도록 규정되어 있다.

02 부상자를 돕는 일

차를 정지시킨 후 우선 부상자가 있나 없나를 살핀다. 그러나 부상자라 하더라도 특별한 경우(생명에 위협이 있는 급박한 경우)를 제외하고 섣불리 부상자를 움직여서는 안 된다. 선의로 도와준 것이 혹 부상자를 더 다치게 할 수도 있기 때문이다.

03 더 이상의 사고를 방지하는 일

자신이나 혹은 다른 사람에게 사고 현장 주위에 교통을 정리하여 다른 차들이 접근하지 못하도록 경고를 해야 한다. 만약 어두운 밤이라면 긴급 신호나 조명 또는 반사등으로 사고가 났다는 것을 다른 운전자에게 알려 주어야 한다.

04 경찰을 부를 것

사고가 나면 부상자나 피해 유무를 막론하고 하이웨이 패트롤이나 경찰을 반드시 불러야 한다. 경찰관의 보고서는 손해배상 청구소송이 걸렸을 경우 도움이 될 수도 있기 때문이다.

05 반드시 상대방의 신원을 확인할 것

상대방의 이름, 주소, 전화, 차량등록번호, 운전면허번호, 보험카드를 반드시 기록해 두도록 한다(사고가 났을 경우 누구의 잘못이든 상관없이 위의 사항들은 본인이 상대방에게 요구할 권리가 있고, 또 상대방이 요구할 경우 보여 주어야 한다).

06 증인

사고 당시의 목격자나 주변에 사고의 상황을 알고 있는 모든 사람들에게 가능한 한 빨리 그들의 주소 이름, 전화번호나 명함 등을 받아두도록 한다. 특히 본인 잘못이 아닐 경우, 대형교통사고일 경우, 불가피하게 증인의 이름, 전화, 명함을 받을 수 없는 경우에는 반드시 차량등록 번호라도 적어 놓도록 한다.

07 경찰의 협조

사고 현장에서 경찰이 올 때까지 기다려야 하며, 기본적인 상황 설명과 경찰관에게 협력하도록 한다. 꼭 한 가지 기억해야 할 것은 사고의 원인에 대해 개인적인 의견을 말하지 말라는 것이다. 사고를 당할 때는 경찰진술서를 작성하기 전에 누구나 변호사를 찾아 상담할 권리가 있다. 일단 사고가 발생하면 신속하게 변호사와 상의하는 것이 현명하다.

08 메모

사고 현장의 상황을 그림으로 그려둔다.

09 부상자에 대하여

심하게 다친 부상자라 할지라도 당장 심하게 고통을 느끼지 않거나 많은 피를 쏟지 않는 수도 있다. 그러나 심한 사고가 났는데도 구급차가 빨리 오지 않으면 다른 사람에게 가까운 병원에 데려다 달라고 요청을 한다.

10 불필요한 언급을 삼갈 것

사고에 대해 변호사 외에는 그 어느 사람에게도 잘잘못을 언급을 하지 않도록 한다. 본인이 잘못했다거나 혹은 동등하게 잘못했다고 하는 생각이 들어도 그런 사실을 미리 인정할 필요는 없다(특히, 한국 사람들은 본인 잘못이 아닌데도 "I'm Sorry"를 연발하는 경향이 있는데, 이 말 한 마디 때문에 모든 것이 본인 잘못으로 뒤바뀌거나 스스로 잘못을 인정하는 것이 된다!). 사고 당시는 당황해서 자신의 생각이 틀릴 수도 있고, 주(州) 법은 사고 당시 운전했던 사람의 주소, 이름, 운전면허와 사고 차량의 번호만 제시하도록 요구하고 있다.

11 체포 여부

현장에서 체포를 당한다고 그것이 반드시 잘못을 뜻하는 것은 아니다. 그러나 사고에 대해 어떤 언급을 하게 되면 그것이 잘못을 인정하는 것으로 오해될 수도 있다. 그러므로 어떠한 진술을 하기 전에 반드시 변호사와 상의 하는 것이 중요하다.

12 보험

사고 이후 들어 있는 보험회사에 정확한 보고를 해야 한다. 즉각적이며 올바른 보고를 하지 않으면 당신의 권리에 영향을 끼칠 수도 있다.

13 변호사

미국에서 교통사고는 변호사와의 상담은 보편적으로 무료다. 따라서 교통사고가 나면 가능한 한 조속히 변호사와 만나 사고에 대한 상의를 하는 것이 좋다. 시간이 흐를수록 본인이 주장할 수 있는 권리들을 상실할 수도 있고, 변호사는 마땅히 취해야 할 적절한 조언을 해줄 것이기 때문이다. 교통사고의 정도가 심하면 실력이 있는 변호사를 고용해야 한다. 미국에서 실력이 있는 변호사란, "Board Certified Lawyer"를 말한다. 이때 주의할 것은 "Board Certified Lawyer"라 할지라도, 각각 자신의 전문 분야가 있다는 에 유의하기 바란다.

＊ 전문 변호인의 선정

의사들에게 마치 외과, 내과, 피부과, 성형외과처럼 전공과목이 있는 것처럼, 변호사는 상법, 민법, 형법, 이민법처럼 자신의 전문 분야가 있다. 한국 사람들에게 가장 많은 실수 중의 하나가, 그 분야의 전문가에게 문제를 맡기지 않는다는 것이다.

◉ **"Board Certified Lawyer"를 찾는 방법**

첫째, 전화번호부를 보면: "Board Certified"가 없는 변호사는 광고에 반드시 "Not Certified By The Texas Board Of Legal Specialization"이라고 깨알같이 씌어져 있다.

둘째, 각 주마다 "State Bar" 라는 것이 있는데 여기에 연락하면 그 방면의 전문 변호사, "Board Certified Lawyer"를 추천해 준다.

◉ **필자가 "Board Certified Lawyer"를 추천하는 이유**

첫째, "Board Certified"가 있는 변호사나 없는 변호사나 변호사 비용은 똑같지만, 실력이 있는 사람이 진행할 경우 이길 승산이 더 많을 뿐만 아니라, 보상받는 액수가 더 크기 때문이다.

둘째, 대부분 클라이언트와 변호사와의 문제는 실력이 없는 부정직한 변호사가 문제를 맡았을 경우인데, 특히 영어를 잘못하는 신규 이민자가 부정직한 변호사를 고용했을 때 그 폐해는 이루 말로 다 표현할 수도 없다. 실상 많은 경우에 실력이 없는 변호사는 보상받는 돈도 적거니와, 실력이 있는 변호사보다 더 많은 돈을 클라이언트로부터 뜯어가는 것이 현실이다.

05 차량 판매방법

01 중고차 팔기(어떻게 광고하나?)

학교의 게시판에 광고하는 방법이 가장 효과적이다. 여러 군데에 걸쳐 붙이면 하루에 1~2번의 전화가 오는데 이때 시간을 정하고 만나서 차를 보여 준다. 그래도 안 팔리면 지역 일간 신문에 광고하는 방법도 있다.

02 중고차 팔기(구경하겠다고 하면?)

일단 장소(집이나 집 근처의 넓은 장소)와 시간을 정해 만나면 된다. 이때 구입할 때처럼 차의 상태를 확인하고 주행을 해볼 것이다.

03 중고차 팔기(가격은 어떻게 정하나?)

살 때처럼 여러 경로를 걸쳐 수집한 시세에 약 10%의 가격을 얹어 요구한다(약 10~15% 깎아줄 생각으로).

04 중고차 팔기(자동차 인계 및 돈 받기)

차를 팔기로 하고 약속장소에서 만나 돈을 받고 영수증을 써 준다(특별한 양식은 없다. 누구한테 무슨 무슨 차에 대한 돈을 얼마 받았다는 내용). 그리고 타이틀(등록증)에 파는 사람 난에 자신의 이름을 적은 후 사인을 해주면 모든 게 끝이다.

05 중고차 팔기(보험 해약하기)

차를 팔았으면 보험회사의 대리점에 찾아가 차를 팔았다고 말을 하고 보험을 해약한다고 하면 해약서를 주는데 그곳에 사인만 하면 끝이다. 남은 보험 기간에 해당되는 보험료는 약 한 달 후에 우편으로(수표로) 집으로 온다.

06 중고차 팔기(번호판 반납)

이제 팔 때 떼었던 번호판 중 1개를 가지고 DMV 사무실에 가서 차를 팔았다고 하면 자동차 등록 기록을 삭제해 준다.

미국 22개
명문대학 어학연수

01 Arizona State University
02 Columbia University
03 Michigan State University
04 Pace University – New York
05 San Diego State University
06 San Jose State University
07 St.Norbert College
08 University of California – Davis
09 University of California – Irvine
10 UCLA
11 University of California – Riverside

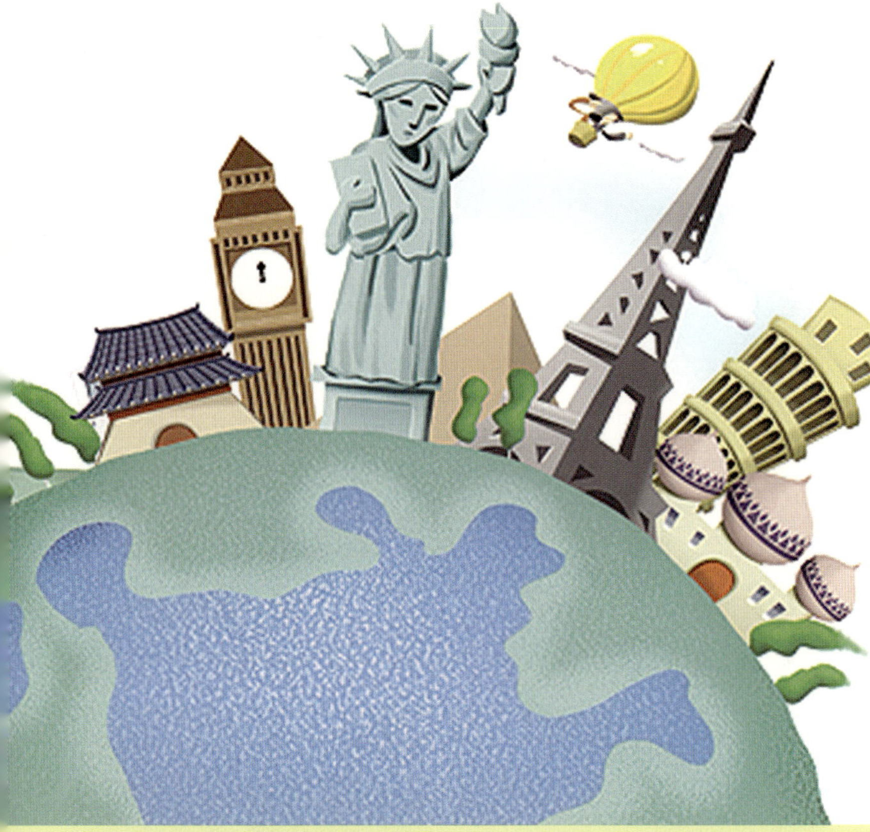

12 University of California – Santa Barbara
13 UCSD
14 University of Delaware (ELI)
15 University of Florida
16 University of California at Berkeley
17 University of California – Santa Cruz
18 University of Illinois
19 University of Pennsylvania
20 University of Southern California
21 University of Washington
22 Yale University

미국 22개 명문대학 연수

미국에는 수천 개의 어학연수 기관이 있다. 미국 내 대학 중에 국내 학생들에게 검증되었고, 만족도가 높은 학교들 미국 명문대학 22개를 선정해서 소개해 보았다. 어학연수를 미국대학 내에서 체험하고 싶은 학생들은 눈여겨보도록 하자.

01 Arizona State University

01 학교정보

- **주소** : American English and Culture Program Arizona State University P.O.Box 873504 Tempe, Arizona 85287-3504
- **전화번호** : 1 480-965-2376
- **팩스번호** : 1 480-965-8529
- **홈페이지** : http://www.asu.edu/esl/
- **설립년도** : 1974
- **학급당 학생수** : 15(레벨과 시즌에 따라 다르다.)
- **한국학생** : 20-25%
- **평균재학생수** : 100-150
- **국제학생비율** : 한국, 일본, 유럽, 남미
- **시험코스** : TOEFL 준비반, 토익 준비반
- **학교주요시설** : Language Lab, 학생라운지와 휘트니스센터, 실내 수영장, 농구코트, 테니스 코트, 서점(캠퍼스 내) 도서관
- **수업료** : 8주 $1,785
- **숙식비** : Room and Meal Plan $1,400

02 상세정보

⊙ 학교소개

1975년 설립된 AECP는 48,000명 이상의 학생들이 수강하고 있는 "Research 1 Institution"인 Arizona State University 캠퍼스 안에 위치하고 있다.

우리 프로그램과 본 대학은 뉴욕 타임즈에서 미국 내 10대 대학 도시 중 한 곳이라고 선정한 현대적인 템피 시에 자리 잡고 있다. AECP에서는 비영어권 학생들을 위해 특별히 고안된 영어 과정을 제공하는 등 다양한 과정을 제공하고 있다.

⊙ 학교특징

버클리와 약 10분 거리에 위치해 있다. 연수센터와 기숙사가 같이 붙어있어 생활이 편리 하다. 특히 학교의 카페테리아는 아시안 학생들의 입맛에도 잘 맞는 음식들을 뷔페 형태로 제공하므로 학생들이 미국 생활에 쉽게 적응하고 있다.

본 과정은 동기가 높은 학생들의 실질적인 필요에 맞도록 준비되었다.

AECP 프로그램은 읽기/쓰기 및 듣기/말하기에서 6단계로 세분화되어 있으며 토플, 비즈니스 영어, 미국 발음, 발음 교정, 숙어, 문법, 회화, 스크린 영어 및 음악 영어 등의 선택 과정을 제공하고 있다.

02 Columbia University _ Eurocentres – New York

01 학교정보

- **주소** : American Language Program, Room 504 Lewisohn Hall, Columbia University, New York, NY 10027 USA
- **전화번호** : 1 212-854-3584
- **팩스번호** : 1 212-932-7651
- **홈페이지** : http://www.ce.columbia.edu/alp
- **설립년도** : 1911
- **학급당 학생수** : 평균 16~18명
- **한국학생** : 35% 이상
- **평균재학생수** : 200~300명 (학교규모)
- **국제학생비율** : 대만, 유럽, 남미, 터키, 한국, 스리랑카, 중국, 일본, 브라질, 멕시코
- **학교주요시설** : 26개 대학의 도서관, 13개의 강의실, 학생라운지, 카페테리아, 휘트니트 센터 등
- **수업료** : 4주 약 $2100~2200
- **숙식비** : 교내 기숙사   2인1실   737 / 4주 | 2,295 / 13주 (식사 불포함)

  여름기숙사   1인1실 850.5 / 4주 | 1512 / 7주 (식사 불포함)

  (여름학기만 가능) 2인1실 702 / 4주 | 1,248 / 7주 (식사 불포함)

  *월 식비는 $400 정도 예상
- **기타비용** : 배치 고사 응시료 : $20 / 교재비 : $50-$100/term

  건강 서비스 비용 : $350/13주 (3개월 이상 학생 만 납부)

  건강 보험료 : $875/13주 (3개월 이상 학생만 납부)

02 상세정보

⊙ 학교소개

아이비리그의 한 학교로서 8개의 오래된 대학 중에 하나다. 맨하탄 서쪽에 자리하고 있으며 생기 있는 이웃과 아름다운 자연이 공부하기에 좋은 환경을 만들어 주는 곳이다. 약 20,000명의 학생들이 학사와 석사 그리고 박사과정에서 공부하고 있다. 약 4,000명의 학생들이 다양한 나라에서 유학을 온다.

⊙ 학교특징

뉴욕 콜럼비아 대학 내에 위치하고 있어 공부하기 좋은 조용한 환경이다.

Columbia University의 영어과정(American Language Program)이 개설된 것은 1911년으로 이미 90년의 역사를 가진 미국에서 가장 오래된 ESL 과정이다. 그간 Curriculum 개발과 Program Design에 있어 선도적 역할을 해왔으며, 대학생뿐만 아니라 직장인, 전문가 등 수만 명의 학생들이 이 과정을 이수하여 만족도가 높은 명문대학 어학코스 중의 하나이다.

03 Michigan State University _ Eurocentres- East Lansing

01 학교정보

- **주소 :** English Language Center, Michigan State University, A714 Wells Hall, East Lansing, Michigan 48824-1027 USA
- **홈페이지 :** www.eurocentres.com/ec/en/la
- **설립년도 :** 1990년
- **학급당 학생수 :** 평균 12~16명
- **한국학생 비율 :** 5% 미만
- **국제학생 비율 :** 브라질, 콜럼비아, 체코, 프랑스, 독일, 일본, 한국, 스위스, 대만, 유럽, 남미, 터키
- **학교주요시설 :** 카페테리아, 비디오 LAP, 도서관 등 대학시설 사용 가능
- **수업료 :** 4주 $1,935
- **숙식비 :** 교내 기숙사 – 2인 1실 주 20식 포함 (4주 $740)
- **기타 비용 :** 원서 접수비 $320, 등록 후 변경비 $80/회, 교재비 $80~$100 특별활동비-$15/4주

02 상세정보

◉ 학교소개

스위스 유로센터 재단이 운영하고 있는 센터 학원으로 1968년부터 운영되고 있으며, 좋은 시설과 좋은 선생님, 훌륭한 커리큘럼으로 1등급 학원으로 잘 알려져 있다.

미시건 대학은 미국에서 가장 유명한 대학들 중 하나로 East Lansing의 지역 발전을 이룬 주역으로 꼽힌다. 또한 미국 내에서 가장 아름다운 캠퍼스를 가진 학교로 교육, 스포츠 및 여가 활동을 위한 최고의 시설을 갖추고 있다.

미국 미시간 주 남중부에 있는 도시로 인구는 4만 6,525명(2000년)이다. 미시간 주 남중부 레드세더 강 연안에 있으며, 거주도시이자 대학도시이다. 미시간 대학교가 1855년에 정부 소유 토지를 교육용으로 불하받아 건설된 지역으로서 미시간 농업대학이 설립되기까지 랜싱시의 동부 외각지대였다. 1887~1907년에 칼리지빌로 알려졌던 곳으로 1907년 시로 인가되면서 주지사가 이스트랜싱 시로 새로 건설했다.

◉ 학교특징

미시간 대학의 연수과정을 운영하는 유로센터는 영국문화원, EAQUALS, Souffle, CAPLS같은 정부 혹은 세계적 수준의 인증협회나 유로센터 내부 심사를 통한 지속적인 품질 관리를 하는 연수학교이다. 그만큼 공인된 언어능력시험에서의 합격률이 높으며 학급당 2명 이상의 언어 교육 전문교사를 배치하여, 학생들이 자신의 수준에 맞는 정확한 레벨에서 공부할 수 있도록 도와준다.

미시간영어센터에서는 회화 파트너를 주선해줄 뿐 아니라 수영, 테니스, 카누 등 여러 운동을 즐길 수 있는 뛰어난 스포츠 시설을 갖추었는데, 천문관과 미술관, 박물관 등의 시설을 이용할 수 있다. 그만큼 대학에서 열리는 다양한 행사나 공개 강의, 견학 프로그램에 참가할 수 있는 기회가 많고 학교 중심으로 형성된 도시는 편리한 생활을 위해 더없이 좋다.

Pace University – New York

01 학교정보

- **주소** : English Language Institute. Pace University, 1 Pace Plaza, New York, NY 10038 ,USA
- **홈페이지** : http://appserv.pace.edu/execute/page.cfm?doc_id=7128
- **전화번호** : 1-212-346-1562
- **팩스번호** : 1-212-346-1301
- **설립년도** : 1995년 　　　　**학급당 학생수** : 평균 12~15
- **한국학생비율** : 30% 　　　　**평균재학생수** : 150-500명(학교규모)
- **시험코스** : TOEFL
- **국제학생비율** : 중국, 프랑스, 일본, 폴란드, 한국, 러시아, 스위스, 대만, 태국
- **학교주요시설** : 컴퓨터 랩, 멀티미디어 랭귀지 랩, 인터넷과 도서관 등 대학의 모든 시설 이용가능
- **수업료** : US $1,780/7주
- **숙식비** : 교내 Maria's Tower(식사포함-Meal Plan) 2인1실 7주 : 자리경쟁적 US$2,161/7주
　　　　　교내 Maria's Tower(식사포함-Meal Plan) 2인1실 14주 : 자리경쟁적 US$4,760/7주

02 상세정보

⊙ 학교소개

Pace 대학부설 어학원 English Language Institute(이하 ELI)는 1992년에 설립된 이래 매년 세계 각국에서부터 수많은 어학연수생들이 ELI에서 제공하는 집중영어 프로그램, 학사/석사 대비 프로그램을 수강하기 위해 ELI를 찾고 있다. ELI의 교과과정은 보다 나은 영어지도와 학생들이 문화, 사회활동을 통해 프로그램 수강 중에 배운 영어를 실생활 적용할 수 있도록 하는데 있다.

ELI은 일반 영어 프로그램 이외에도 대학 진학 준비 프로그램 제공과 문화 이벤트 개최 등의 폭넓은 분야에서의 국제교류와 영어교육을 실천하고 있을 뿐만 아니라 ELI 학생들은 도서관 체육관 등의 Pace 캠퍼스 내 각종 시설을 모두 이용할 수 있다. ELI는 일정기준 이상에 부합되는 어학원들만으로 구성된 교육 연맹 AAIEP(미국 집중영어강좌 연맹)의 가맹 어학원이다. ELI는 선별된 강사진을 두고 있고 대다수의 강사들은 영어 교육(TESOL), 언어학 또는 관련 분야에서 석사 또는 박사학위를 가지고 있다. 해외에서 교무직을 맡아 해외생활 경험을 쌓아온 강사들이 많으며, 이러한 경험을 바탕으로 어학연수생들에게 학교 이외의 미국 생활에 관한 조언과 상담도 하고 있다.

⊙ 학교특징

뉴욕의 대학부설 학교로 대학진학을 위한 영어공부 뿐 아니라 조건부 입학을 원하는 학생들에게 인기가 높은 학교이다.

- 조건부 입학 가능　　• 엄선된 교직원들이 진행하는 수업
- 미국의 문화와 예술, 금융의 중심지인 뉴욕시에서 다양한 문화를 체험할 수 있다.

05 San Diego State University _SDSU

01 학교정보

- **주소** : American Language Institute, San Diego State University 5250 Campanile Drive, San Diego, CA 92182-1914
- **전화번호** : 1 (619) 594-5907
- **홈페이지** : http://www.americanlanguage.org/
- **학급당 학생수** : 12-15(레벨과 시즌에 따라 다르다)
- **국제학생비율** : 유럽, 한국, 남미, 일본, 중국, 대만
- **시험코스** : TOEFL 준비반, 비즈니스 영어반,
- **학교 주요시설** : 농구코트, 테니스 코트, 헬스센터, 도서관 등
- **수업료** : 4주 약 $1200~1500
- **기타 비용** : 교재비 : $100~$175/4주, $250/ 10주 Course
    Recreation 출입증 : $35/월, $65/3개월   도서관 출입증 : $15/3개월
- **팩스번호** : 1 (619) 287-2735
- **설립년도** : 1975
- **한국학생** : 25~30%
- **평균재학생수** : 약 250명

02 상세정보

◉ 학교소개

San Diego State University(SDSU)는 외국에서 교육을 받기 위한 학생들에게 SDSU의 크기, 다양성과 명성 등으로 볼 때 미국에서 뛰어난 학교 중 하나이다. SDSU는 학생들이 세계에서 성공할 수 있도록 돕기 위해 최선을 다하고 있으며, California State University 계열의 학교 중에서 가장 크고, 캘리포니아 전체 중에서는 두 번째로 큰 종합대학이다. 76개의 학사학위와 59개의 석사학위, 13개의 박사 학위를 제공한다. SDSU는 Cal State 계열의 23개 캠퍼스 중 유일하게 Carnegie Foundation 으로부터 'Doctoral University II' 로 지정된 학교이다. 또한 Business Administration, Engineering, Hospitality and Tourism Management, Public Health, Telecommunications, Public Administration 등의 과정에서 주목할 만한 프로그램을 가지고 있다.

◉ 학교특징

샌디에고에 있는 대학부설로 한국인 비율이 많은 편이다. 영어과정 이외에도 비즈니스 과정도 같이 개설되어 다양하게 공부하고자 하는 학생들에게 도움이 되고 있다. The American Language Institute(ALI)는 San Diego State University의 College of Extension Studies의 일부로, 미국의 어학기관 중 가장 좋고 인터내셔널한 프로그램으로, 최신 교육 방법을 배운 세계적으로 인정받는 선생님들이 학생들을 가르치며, General English에서부터 TESOL까지 매우 다양한 프로그램을 가지고 있다. ALI 학생들은 일정한 수준이 되면 SDSU에서 수업을 들으며 학점을 딸 수도 있고, 세계에서 가장 큰 water sport 시설을 비롯한 모든 시설을 이용할 수 있다. ALI는 최신식 건물의 컴퓨터와 랭기지 랩을 이용하며 무료로 인터넷을 사용할 수도 있다. 또 학교로 진학하고자 하는 학생들은 아카데믹 어드바이스를 받을 수 있으며, 매 해 70개의 다른 나라에서 오는 3,000명의 학생들과 함께 할 수 있다.

06   San Jose State University _ SJSU

01 학교정보

- **주소** : Studies In American Language, San Jose State University, IS 227,One Washington Square, San Jose, CA 95192–0215, USA
- **전화번호** : 1 408 924 2660
- **팩스번호** : 1 408 924 2669
- **홈페이지** : http://www.sal.sjsu.edu
- **설립년도** : 1975년
- **학급당 학생수**: 평균 16명
- **한국학생 비율** : 20~30% 미만
- **평균재학생수** : 180~500명(학교규모)
- **국제학생 비율** : 대만, 한국, 일본, 태국, 유럽, 남미, 중동 등 60개국
- **시험코스**: TOEFL
- **학교 주요시설** : 도서관, 컴퓨터실, 이벤트센터, 운동장 등을 이용
- **수업료** : 9주 약 $2400~$2900
- **숙식비** : Campus Village Apartments – 1인 1실 $2,588/3달 ∣ 2인 1실 $2,225/3달
  Homestay – 1인 1실(2식/일)   750 / 월 ∣ 1인 1실(식사 없음)600 / 월
- **기타 비용** : 공항 마중비 : From San Jose : $60 / From San Francisco : $75
  교재비 : $200~300 for ATP, MBAP, SAS/학기   의료보험료 : 약 $ 51(월)

02 상세정보

⊙ 학교소개

1975년 이후 Studies In American Language (SAL)은 학생들의 직업적, 학업적, 실용적 필요에 맞는 수준 높은 영어교육을 지속적으로 제공해 오고 있다. 수업은 미국의 전문대학이나 대학으로 유학하려는 학생이나 직업적, 개인적 이유로 영어회화 실력을 향상시켜야 하는 학생들을 위해 디자인 되었다. 학업적으로 도전적인 교과과정과 더불어 SAL은 학생들에게 다양한 경험과 활동영역을 통해 미국 문화에 직접적으로 노출되도록 노력하고 있다.

⊙ 학교특징

대학 내 모든 시설과 지역버스 및 기차를 이용할 수 있는 학생증을 발급받아 사용할 수 있고, SJSU에 진학하고자 하는 학생들에게 입학 안내 등의 진학상담도 병행한다.

SJSU는 높은 수준의 영어연수 과정과 다양한 견학 및 활동을 통해 미국 문화를 직접 접할 수 있고 다양하고 많은 교육, 학업자료 이용 및 편리한 교통시설을 제공하고 있다. 가까운 샌프란시스코, 캘리포니아의 해변과 미국 기술의 중심인 실리콘벨리라는 우수한 환경에 위치하고 있다.

07 St.Norbert College

01 학교정보

- **주소** : International Center, ESL Institute, 100 Grant St, De Pere, WI 54115-2099
- **전화번호** : 1 920 403 3125
- **팩스번호** : 1 920 403 4083
- **홈페이지** : http://www.snc.edu/esl/
- **설립년도** : 1993년
- **학급당 학생수** : 평균 10명
- **한국학생 비율** : 10% 미만
- **평균재학생수** : 40~70명 (학교규모)
- **국제학생 비율** : 일본, 인도네시아, 한국, 중국
- **학교 주요시설** : 휘트니스 센터, College Sports Center, 컴퓨터실, 체육관, 도서관, 국제센터
- **수업료** : Spring 1: $1750 (8주)/ Summer 1: $960 (4주)/Fall 1: $1,820 (8주)
- **숙박료** :기숙사 Spring 1: $880 (8주)/ Summer 1: $200 (4주)/ Fall 1: $915 (8주)
- **기타 비용** : 학교 입학금: $50/ 교재비: $100-$250/ 우편료: $50/ 보험료: Summer-$60/ Fall-$120/ Spring- $120

02 상세정보

◉ 학교소개

100년이 넘는 역사를 가지고 있는 가톨릭계 4년제 단과대학이다. 현재 약 2,000명 정도의 학생들이 재학 중인 학교로 한국 학생은 그 중 약 10-20명 정도(ELS학생 포함)이다. 위스콘신에서도 큰 도시로 알려져 있는 Greenbay에서 10분 정도의 거리에 위치하고 있어, 이 지역은 안전하기로 신뢰가 높다. 미국 풋볼 팀으로 유명한 Greenbay Packer's 팀이 여름방학에 훈련장소로 이용하는 곳이기도 해서 유명한 스포츠 스타를 볼 수 있는 기회도 많다. Computer Science, Arts Design 등의 학과는 북동부 학교들 중에서 우수한 학과로 평가를 받고 있다.

◉ 학교특징

시카고에서 3시간 떨어져 있는 작은 소도시에 위치해 있으며 한인 비율이 적고, ESL과정 이수 후 대학으로의 조건부 입학이 가능하다.

Bay International Airport에서 공항마중 서비스가 가능하며, 연수과정도 학생증을 발급해 주며, 학교의 모든 시설물들을 사용할 수 있다. 학교 부설로 운영되고 있는 ESL기관에서는 일반영어 과정을 제공하며, 여름 학기에는 비즈니스, 드라마, 토플 준비반 등의 다양한 수업을 제공하고 있다. 미국에 처음 도착한 학생들과 대학진학을 희망하는 학생들을 위하여 방과 후 컴퓨터 랩실에서 무료로 프로그램을 이용하는 방법 등을 지도해 준다.

하루 4시간씩 정규학생들이 공부하는 St. Norbert College의 교실에서 이루어지며, 각 과목별로 수준에 맞도록 공부할 수 있는 Multi-level B 등, 집약적인 영어 프로그램을 제공하고 있다. 또한 ESL기관을 이수하고 나면 토플점수 없이 대학에 진학할 수 있는 조건부 입학이 가능하다.

08 University of California – Davis

01 학교정보

- **주소** : 1333 Research Park Drive, Davis, CA 95616-4852 USA
- **전화번호** : 1 530 757 8686
- **팩스번호** : 1 530 757 8676
- **홈페이지** : http://www.extension.ucdavis.edu/international/english/index.asp
- **설립년도** : 1969년
- **학급당 학생수** : 15년
- **한국학생** : 20~30% 미만
- **평균재학생수** : 약 250명
- **국제학생 비율** : 한국, 대만 일본, 유럽
- **시험코스** : TOEFL 준비반, 비즈니스 영어반
- **학교 주요시설** : 중앙도서관, 실내체육관, 운동장
- **수업료** : 10주 $2,745
- **숙박비** :

Application Fee for dormitories (nonrefundable)	$275 for more than four weeks $175 for two to four weeks
Homestay placement fees	$295 for 5-10 weeks $195 for 4 weeks or less $50 continuing fee for each quarter
Homestay	$645 per month or $21.50 per day for two meals a day $705 per month or $23.50 per day for three meals a day(Prices subject to change.)
Dormitory	$56 per night double occupancy $68 per night single occupancy(available summer only)

02 상세정보

⊙ 학교소개

University of California at Davis(UC Davis)의 Intensive English Program(IEP)은 학업, 직업, 사회적 이유로 영어를 배우고자 하는 학생들을 위해 1969년에 세워졌다. IEP는 32년 이상 외국인들에게 영어교육 및 기술적, 전문적 훈련을 제공한 International English and Professional Programs 중의 한 부분인데, IEP 수업이 이루어지는 Center는 UC Davis의 중앙도서관, 실내체육관, 운동장, 학생실습농장들과 가까이에 위치한다. IEP Center내에는 멀티미디어 센터의 컴퓨터와 VCR, DVD, TV 등 다양한 교육 소프트웨어를 이용할 수 있는 시설을 갖추었으며, 학생들은 TOEFL, TOEIC, GRE, GMAT 등의 시험준비에 대비한 다양한 자료를 이용할 수 있다.

⊙ 학교특징

UC Davis는 다른 캘리포니아 주의 주립대학들과는 달리 매우 다양한 분야의 학부과정과 대학원과정을 제공한다. 이외 전문과정으로 법, MBA, 의과대학이 있고, 최고 10대 연구기관 중 하나로 인정받고 있다.

교수진들의 농업, 환경, 공학, 인문대학의 학구적, 과학적 성과와 26,000여 명의 학부, 대학원 학생들 및 우수한 영어실력을 갖춘 학생들은 "Bridge Program"을 통해 UC Davis의 학점이 인정되는 학부과정 수업을 수강할 수 있다.

09 University of California – Irvine

01 학교정보

- **주소 :** University Extension Building | #238, Lot 19A Pereira at PereiraIrvine, CA 92697 U.S.A.
- **전화번호 :** 1 (949) 824-5991
- **팩스번호 :** 1949) 824-8065　　**홈페이지 :** www.extension.ucr.edu
- **설립년도 :** 1965년　　**학급당 학생수 :** 15(레벨과 시즌에 따라 다르다)
- **한국학생 :** 30~40% 미만
- **평균재학생수 :** 140명
- **국제학생 비율 :** 매년 세계 각국에서 많은 유학생들이 오고 있다. 유학생의 주된 출신국은 한국(31%), 일본(25%), 대만(12%)을 시작으로 하는 아시아 국가가 주이며, 그 외 멕시코 등의 중남미 국가(10%)와 유럽(16%), 중동 국가, 아프리카 국가 등이 있다.
- **시험코스 :** TOEFL 준비반
- **학교주요시설 :** Language Lab, 학생라운지와, 휘트니스 센터, 실내 수영장, 농구코트, 테니스 코트, 서점(캠퍼스 내), 도서관
- **수업료 :** 집중영어과정 10주 코스 $2,575 / 일반 영어회화 과정 4주 코스 $1,375
- **기타 비용 :** 학생회비 : $175 / per quarter
  공항 마중비 : 로스앤젤레스 $70, 존웨인/오렌지카운티 $30
  의료보험비 (Optional) : $325/10주, $140/4주, $350/Certificate program

*수업료와 숙박비 등 자세한 비용은 다음 미준모카페(http://cafe.daum.net/abroadstudy)에 자세히 설명되어 있다.

02 상세정보

◉ 학교소개

1965년 개교하여 9개의 캘리포니아 대학 중에서 가장 늦게 설립된 대학교가 UC Irvine 이다. 학교는 LA San Diego를 연결하는 San Diego Freeway 도로 변에 위치하고 있고, 캠퍼스는 대략 1,510 에이커 정도의 크기를 자랑한다. 대부분의 건물들은 흰 벽과 붉은 지붕으로 건축물들도 걸작품들로 전형적인 캘리포니아풍의 캠퍼스 풍경을 보여주고 있다. 정규 대학 프로그램으로 생물, 과학, 기술, 예술, 경영학 등 11개 분야가 개설이 되고, 43개 부분에 학위 코스가 개설되어 있다. 특히 생물학, 예술학, 인문학, 물리학, 사회과학 등의 분야에서의 업적은 매우 우수한 것으로 평가받고 있다. 1995년에 물리학과, 화학분야에서는 2명의 교수가 영예의 노벨상을 수상하기도 하였다.

◉ 학교특징

Irvine의 대학부설 중에서는 최고의 수업 커리큘럼을 자랑하는 곳이다. 1,000여 명이 넘는 학생들이 이곳 UC Irvine의 영어 수업을 듣기 위해서 방문한다. 이들 영어 교사들은 높은 수준의 교육을 받았으며 대부분 TESOL 분야와 관련된 석사학위가 있고, 경험이 많으며, 학생들을 위해서 신중하게 수업의 내용과 교재 등을 채택하여 학생들에게 필요한 수업이 되도록 주력한다.

10 UCLA (University of California-Los Angeles)

01 학교정보

- **주소** : American Language Center, UCLA Extension, 10995 Le Conte Avenue, #614, LA, CA90024-2883USA
- **전화번호** : 1 (310)-825-9068
- **팩스번호** : 1 (310)-825-6747
- **홈페이지** : http://www.uclaextension.edu/index....
- **설립년도** : 1919년
- **학급당 학생수** : 평균 14~18명
- **한국학생수** : 유학생비율 30% 미만
- **평균 재학생수** : 500~2,000명
- **국제학생 비율** : 브라질, 프랑스, 독일, 이탈리아, 일본, 한국, 대만, 태국, 터키
- **학교 주요시설** : 도서관, 기숙사, 휘트니스센터, 어학실, 컴퓨터실, 테니스코트
- **수업료** : 4주 $ 1,610
- **기타 비용** : 교재비 U$ 150~225 for AIEP, U$ 40~85 for IECP

02 상세정보

◉ 학교소개

1919년에 설립된 주립대로서 세계적으로 우수한 대학이다. 36,000명의 학부생과 대학원생이 재학 중이고 100개 이상의 전공을 개설하고 있다. University of California 9개 대학 중 최대의 학생수를 자랑하는 UCLA는 Berkeley대학, Stanford대학과 자웅을 겨루는 그야말로 미국의 명문교이자 세계적인 대학이다. 이 대학은 미국에서도 드물게 학문, Sports, 교육환경, 푸른 캠퍼스 등을 완벽하게 갖추고, 64개 분야에 걸친 정규과정 프로그램이 있어 이곳에서 이수할 수 없는 과목은 거의 없다 해도 과언이 아니다.

특히 법학, 경영학, 의학 분야의 연구성과는 매우 높은 평가를 받고 있다. 또한, 축구, 야구, 육상, 농구 등 미국 College Sports의 인기 종목을 모두 갖추고 있는 것이 UCLA의 자랑 중 하나이다. UCLA Extension의 American Language Center는 20년이 넘는 경험을 바탕으로 다양하고 수준 높은 ESL Program은 물론 외국 학생들에게 교육 문화방면의 다양한 경험을 할 수 있는 기회를 제공한다. UCLA는 교사 중 75%가 전임교수이며 훌륭한 학교시설과 스포츠 센터, 도서관을 이용할 수 있다.

◉ 학교특징

UC계열은 이미 잘 알려져 있고, 그만큼 많은 학생들이 UC의 입학을 원한다. 다른 지역에 같은 계열이 분포되어 있다. 집중영어는 하루에 5시간 수업이고, 학기가 4, 6, 12주로 나누어지기 때문에 자신이 원할 때 등록할 수 있다. 회화 파트너 프로그램이 있고, 무료 인터넷 사용, 주당 8시간까지 컴퓨터 랩에서 영어 공부를 할 수 있다.

University of California – Riverside

01 학교정보

- **주소** : University of California, Riverside University Extension 1200 University Avenue Riverside, CA. 92507 – USA
- **전화번호** : 1-951- 827-4346
- **팩스번호** : 1-951- 827-5796
- **홈페이지** : http://www.iep.ucr.edu/
- **설립년도** : 1954년
- **학급당 학생수** : 평균 12-15명
- **한국학생 비율** : 20~30% 미만
- **평균재학생수** : 800명
- **국제학생 비율** : 아시아, 중남미, 한국, 중동, 아프리카, 유럽
- **학교 주요시설** : 컴퓨터실, 어학실습실 도서관 학생회관
- **수업료** : 4주 Spring $1200 / Winter $1200
- **기타 비용** : 공항 마중비 : $90 from LA공항, $45 from Ontario(10일 전 신청시)
  교재비 : $100-$350
  의료보험료 : $90/1~3주, $120/4주, $180/6주, $300/10주, $950/AYP

02 상세정보

⊙ 학교소개

480만 평의 학교 캠퍼스는 LA에서 약 80km 정도 떨어진 곳에 있는 도시로 Southern California의 가장 중심적인 문화와 휴양지뿐만 아니라 사막과 산, 바다도 쉽게 갈 수 있는 곳에 위치해 있다. 또한 학교 주변의 가게, 레스토랑, 극장 등이 있는 매우 편리한 University Village는 학교와 활발하게 교류하며 학생들에게 편의를 제공한다.

현재 15,282명의 학부생과 1,965명의 석사생들이 계속해서 확장되고 새로 지어졌거나 리모델링 한 건물에서 공부하고 있다.

⊙ 학교특징

1975년부터 제공해 온 영어 프로그램은 주기적으로 검증되고 개발되고 평가되고 있다. 대부분의 교사들은 외국에서의 경험이 있고 전문학위가 있고, Biomedical Sciences, Chemistry, Teacher Education, Electrical, Environmental, Mechanical Engineering 등은 국내외에서 인정받은 분야이다.

University of California, Riverside 는 1954년에 설립된 UC 계열의 주립대 중 하나로 경쟁력 있는 프로그램과 서비스, 최고의 교수진과 staff, 생동감 넘치는 주변 환경은 학생들에게 수준 높은 교육의 환경을 제공한다.

학부에는 75개의 major와 46의 minor, 40개의 master's degree programs, 36개의 Ph.D 프로그램과 13개의 state teaching 프로그램을 가지고 있다. 학부 수업 청강 또한 가능하다.

12 University of California – Santa Barbara

01 학교정보

- **주소 :** 6950 Hollister Ave, Suite 102, Goleta CA 93117–5824 USA
- **전화번호 :** 1–805–893–4200
- **팩스번호 :** 1–805–893–8427
- **홈페이지 :** www.ip.ucsb.edu
- **설립년도 :** 1891년
- **학급당 학생수 :** 평균14–18명
- **한국학생 비율 :** 30% 미만
- **평균재학생수 :** 200명
- **국제학생비율 :** 대만, 남미, 유럽, 중남미
- **한국학교 주요시설 :** 시청각실, 어학실습실, 학생센터, 도서관
- **수업료 :** 4주 1,340
- **기타비용 :** 교재비 : $60 – $150/ Quarter International Student Service Fee : $175/4주, $275/6주, $400 / 10주

02 상세정보

⊙ 학교소개

UCSB는 teaching and research과 리서치에 명망 있는 대학교이다. 언어 분야의 특징을 살린 유학 프로그램이 활발하여 영국, 호주, 중국을 비롯해 20여 개국과 Exchange Programs을 운영하고 있다. 대학의 중앙에 있는 도서관에는 200만 권 이상이라는 방대한 서적을 장서하며, 매년 많은 양의 도서들이 늘어나므로 학생들은 풍부한 자료로 공부를 할 수 있다.

⊙ 학교특징

교육학부에서는 Confluent Education 분야가 최고의 수준으로 이름을 알리고 있으며 해양학, 문화인류학, 종교학, 어학을 비롯한 20개 이상의 분야에서 미국대학 Top 40위 내에 드는 수준으로 평가받고 있다.

UCSB Extension 영어 프로그램과 아카데믹 서포트 코스는 연 중 개설이 된다.

이 프로그램들은 대학 진학을 위한 학생이나 자신의 영어능력이나 취업을 위한 학생들을 위해 만들어졌다.

레벨 4 이상의 수업은 최고레벨로 분리되며, 레벨 5 이상의 학생은 대학교 수업을 청강할 수 있다.

13 UCSD (University of California-San Diego)

01 학교정보

- **주소** : UCSD Extension 0176-DD, 9500 Gilman Drive, lajolla, CA 92093-0176
- **전화번호** : 1 (858)-534-6784
- **팩스번호** : 1 (858)-534-5703
- **홈페이지** : http://extension.ucsd.edu/depaarten
- **설립년도** : 1961년
- **학급당 학생수** : 평균12~15명
- **한국학생수** : 유학생비율 10~20% 미만
- **평균 재학생수** : 300명
- **국제학생비율** : 일본, 한국, 브라질, 터키, 스위스
- **소재도시** : 샌디에고 다운타운
- **학교 주요시설** : 도서관, 기숙사 휘트니트센터, 컴퓨터실, 시청각실
- **수업료** : 10주 $3,200
- **기타 비용** : 교재비 : $100~$175/4주, $250/ 10주 Course
  의료보험 : $35/1주(4주 미만), $140/4주, $175/여름 계절학기, $420/10주, $490/3개월

02 상세정보

⊙ 학교소개

샌디에고 다운타운에서 북쪽으로 자동차 15분 정도의 거리인 태평양 연안 휴양지 라호야에 있다. 40년 정도의 짧은 전통에도 불구하고 매우 뛰어난 대학원 프로그램과 우수한 교수진 등으로 유명하다. 대학원, 대학 의과대학생들이 재학 중에 있다. 산림이 울창하고 광대한 캠퍼스에 도서관과 수영장, 테니스코트 등이 갖추어져 있다. 1959년에 처음 세워진 UCSD는 그 명성대로 연구대학 중에서는 상위권을 차지하고 노벨상 수상자도 배출한 학교이다.

이곳의 어학연수 센터는 1981년에 세워져서 지금까지 20년 가까이 그 명성을 유지하고 있다. 샌디에고 시내에서 약 15분 정도 떨어진 La Jolla 라는 곳에 있는데, 현재 19,000명의 학생이 공부하고 있다. 이곳은 캘리포니아에서 부촌으로 가장 안전한 도시 중 한 곳이다. 또한 캘리포니아의 UC계열 학교 중 한국학생의 비율이 적은 편이다. 연중 영하로 내려가지 않는 기온 또한 많은 학생들이 샌디에고를 찾는 큰 이유가 되고 있다. 원래는 Berkeley대학교 동물학자들이 설립한 해양생물연구소를 기원으로, 해양학과 생물학 등 자연과학 분야에서 세계적인 명성을 자랑한다.

⊙ 학교특징

다양한 영어 프로그램을 운영하고 있는데, 일상 생활의 여러 가지 사항을 가지고 수업을 진행하여 실용적인 영어를 배울 수 있고, TESOL과정, TOEIC, BUSINESS영어 등을 배울 수 있다.

University of Delaware (ELI)

01 학교정보

- **주소** : English Language Institute, 189 W. Main St. Newark, DE 19716 USA
- **전화번호** : 1 302 831 2674
- **팩스번호** : 1 302 831 6765
- **홈페이지** : www.udel.edu/eli/eli.html
- **설립년도** : 1979년
- **학급당 학생수** : 평균 11~12명
- **한국 학생비율** : 35% 미만
- **평균재학생수** : 220명(학교 규모)
- **국제학생 비율** : 아시아권 41%, 중남미 29%, 중동 14%, 유럽 9%, 남태평양 2%, 아프리카 3%, 북미 2%
- **소재도시** : Newark, DE
- **학교 주요시설** : 컴퓨터실, 체육관, 수영장, 아이스스케이트장, 캠퍼스버스, 도서관 등
- **수업료** : 8주(1 Session) $2,290
- **기타 비용** : 교재비 : 약 U$ 145/8주   의료 센터비 : U$ 110/8주   의료 보험료 : U$ 210/8주
  공항마중비 : $45(Delaware Express 이용 시), $60 (Driver가 집까지 데려다 줄 경우)

02 상세정보

◉ 학교소개

English Language Institute(ELI)는 외국인 학생, 학자, 전문가들을 대상으로 언어학적, 학문적, 문화적 지원을 제공하기 위해 1979년에 설립되었다. ELI에서는 영어연수, 언어능력 평가, 문화적응을 위한 오리엔테이션, 외국인 학생들을 위한 안내도 제공된다.

교육프로그램으로는 집중 영어연수 과정, 대학준비 과정, 비즈니스 영어, 법률 영어, 영어연수와 관광, 미국문화, 교사 훈련 등이 있다. ELI의 주요 목표 중 하나는 캠퍼스와 지역사회의 다양한 문화 교류를 장려하고 발전시키는 것이다.

◉ 학교특징

교내스포츠, 캠퍼스 문화행사, 다양한 학생활동이 가능하고 조건부입학이 가능하여 학생들에게 호응이 좋다(TOEFL 450 이상).

풀타임 학생에게는 무료 과외가 제공된다. 또 level 6 이상의 경우 정규 수업도 가능하다.

미국 내의 영어연수 프로그램 중 가장 뛰어난 프로그램으로 상위 순위에 속한다. 안전하면서도 많은 것들을 즐길 수 있는 좋은 위치에 있다.

15 University of Florida

01 학교정보

- **주소** : English Language Institute, PO Box 117051, 315Norman Hall, Gainesville, FL 32611-7051, USA
- **전화번호** : 1 352 392 2070
- **팩스번호** : 1 352 392 3744
- **홈페이지** : www.eli.ufl.edu
- **설립년도** : 1955년
- **학급당 학생수** : 평균 12~15명
- **한국학생 비율** : 20~30% 미만
- **평균재학생수** : 100~180명 (학교규모)
- **국제학생 비율** : 한국, 베네수엘라, 일본, 브라질, 콜럼비아, 태국, 터키, 대만, 사우디
- **소재도시** : Gainesville, FL
- **학교 주요시설** : 컴퓨터실, 휘트니스 센터, Language Lap, 인터넷 식당, 카페테리아, 풀장, 도서관, 체육관, 아트 갤러리 등을 이용가능

*수업료와 숙박비 등 자세한 비용은 다음 미준모카페(http://cafe.daum.net/abroadstudy)에 자세히 설명되어 있다.

02 상세정보

⊙ 학교소개

Florida 대학은 1853년 주정부의 재정지원으로 East Florida 학교가 발전된 곳이다. 그해 오칼라에 있던 킹스버리 아카데미를 인수하고, 1860년대에 캠퍼스를 현재의 Gainsville로 이전하였다. 그 얼마 후 레이크 시티에 있던 플로리다 주의 랜드 그랜트 칼리지인 플로리다 농과대학과 합병하여 Florida주에서는 역사가 가장 오래 되고, 규모가 큰 랜드그랜트칼리지가 되었다. 1882년부터 학위를 수여하였다. 교내에는 미술·성가대·치어리딩·무용·드라마·영화·사진 문학잡지·국제문제·재즈밴드·정치·직업·사회봉사·종교·신문·라디오와 텔레비전 등 450개의 동아리가 있다. 교내 행사로는 마드리갈 디너, 학생 주최 문화 프로그램과 버라이어티 쇼 등이 있다. 잭슨빌에서 75마일 떨어진 교외에 위치한 약 8,094㎢의 캠퍼스에는 기숙사를 포함한 850개동의 건물이 있다.

⊙ 학교특징

English Language Institute(ELI)의 집중 영어연수 프로그램은 외국 학생들이 미국의 대학 교육기관에서 학사과정이나 석사과정을 위해 필요한 영어 능력을 향상시킬 수 있도록 준비한다.

- 대학공부에 필요한 글 읽기
- 대학공부에 필요한 리포트를 쓰고 시험 보기
- 강의에서 정확하고 분명하게 노트정리 하기
- 격식 있고 사교적인 모임에서 자연스럽게 말하기
- 정해진 시간 내의 성공적으로 시험을 볼 수 있는 능력
- 학생, 교수, 또는 지역사회에서 만나는 사람들과 좋은 관계를 유지하기 위한 지식 습득 등에 대해서 공부하게 된다.

16 University of California at Berkeley

01 학교정보

- **주소** : Summer ESL, College Writing Programs,212 Wheeler Hall MC 2500
- **전화번호** : (510)642-5975
- **팩스번호** : (510)642-6963
- **홈페이지** : http://summer.berkeley.edu/mainsite/type_intl_esl.html | http://writing.berkeley.edu/summer
- **설립년도** : 1868 년
- **학급당 학생수** : 평균 명 (교수 1인당 학생수 : 14명)
- **한국학생 비율** : 20% 미만
- **평균재학생수** : 여름 세션 - 200여 명
- **국제학생 비율** : 한국, 중국, 일본, 동남아, 유럽
- **학교 주요시설** : 컴퓨터실

*수업료와 숙박비 등 자세한 비용은 다음 미준모카페(http://cafe.daum.net/abroadstudy)에 자세히 설명되어 있다.

02 상세정보

⊙ 학교소개

캘리포니아 대학교는 각 캠퍼스가 그 자체로 하나의 거대한 대학교 규모를 갖춘 9개의 캠퍼스로 교수의 수는 8,000명, 총학생수는 13만 명에 이른다. 버클리, 데이비스, 애버딘, 로스엔젤리스, 리버사이드, 샌디에고, 산타 바바라, 산타 크루스, 샌프란시스코에 있는 각 캠퍼스는 캘리포니아 주의 고등교육계획에 의하여 106개 지역대학들과 다른 19개 주립 대학교들과 기능분담을 하면서, 주로 대학원 교육과 연구기능을 담당하고 있다. 버클리에 본부가 있으며, 총장이 전체를 관리한다. 대학원의 질에서는 항상 하버드대학교나 스탠퍼드 대학교 등 명문 사립대학교와 최고를 겨룬다. 인문 · 교육 · 음악 · 예술 · 상업 · 보건학과 등이 있는 2개 학부와 9개 대학원이 있다. 버클리 캠퍼스는 1868년 설립된 랜드그랜트 칼리지로 캘리포니아 대학교의 9개 캠퍼스 가운데 가장 먼저 설립되었다. 샌프란시스코에서 동쪽으로 10마일 떨어진 시가지에 위치한 약 4,986㎢의 캠퍼스에는 기숙사를 포함한 100개 동의 건물이 있다.

⊙ 학교특징

중상급 영어실력을 갖춘 학생들이 좀 더 활동적이고 체계적으로 영어능력을 올리고 싶은 학생들에게 인기가 많다. Berkeley 캠퍼스는 실험실들과 도서관들의 질과 규모, 출판물들과 연구의 범위, 학생들과 교수진의 우수성으로 널리 알려져 있다.

30개 도서관에는 845만 여 권의 도서와 567만 5,000여 점의 마이크로폼 자료 및 CD를 포함한 6만여 점의 시청각자료가 소장되어 있으며, 8만 3,000종의 정기간행물을 비치하고 있다.

부속시설로는 학습자료 센터, 인류학박물관, 자연사박물관, 미술관, 라디오와 텔레비전 방송국, 식물원, 과학관 등이 있다. 교내에는 미술 · 성가대, 치어리더 · 무용 · 드라마 · 사진 · 국제문제 · 문학잡지 · 토론 · 재즈밴드 · 정치 · 직업 · 사회봉사 · 종교 · 신문 · 라디오와 텔레비전 등 350개의 동아리가 있으며, 교내 행사로는 빅게임, 캘리포니아 퍼포먼스, E-주간, 국가 자원봉사주간 등이 있다.

17 University of California – Santa Cruz

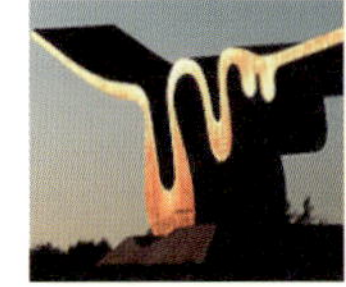

01 학교정보

- **주소** : 1101 Pacific Avenue, Suite 200, Santa Cruz, California, 95060
- **전화번호** : 1-831-427-6638
- **팩스번호** : 1-831-427-1827
- **홈페이지:** http://www.eliprograms.org/
- **설립년도** : 1996년
- **학급당 학생수** : 평균 13~18명
- **한국학생 비율** : 20% 미만
- **평균재학생수** : 100명 국제학생비율 : 일본 대만 남미 유럽 중남미
- **학교 주요시설** : 시청각실, 어학실습실, 학생센터, 도서관
- **수업료** : 4주 약 $1400
- **기타 비용** : 학생회비 : $465 (8, 10주) / $315 (4, 5주) / $515 (USP 과정)포함
  내역(학생증, 의료보험, 체육관시설 이용, 버스패스, 인터넷사용, 도서관 이용, 주말여행)

02 상세정보

⊙ 학교소개

University of California Extension, Santa Cruz는 Santa Cruz와 Silicon Valley 캠퍼스에서는 수준 높은 프로그램들이 제공된다. UC-Santa Cruz Extension에서 실시하는 영어 및 유학생을 위한 프로그램 (ELI) 을 통해 65개국 이상의 국가에서 유학 온 학생들이 20여년 이상 지속되고 있는 수준 높은 ELI의 언어 및 문화 적응 훈련을 받고 있다. 미국 대학에 등록한다거나, 개인적 직업경력을 쌓을 수 있도록 한다.

⊙ 학교특징

UCSC Extension은 정평 있는 평생 교육 기관으로 Silicon Valley 및 Central Coast 지역 최대의 교육 전문 기관으로 UCSC Extension은 Cupertino 및 Santa Cruz 두 곳에서 다양한 전문 자격증 프로그램을 제공한다. 9개월간 전업 학생으로서 등록하고 자격증 프로그램을 수료한 외국 학생들에게는 1년 기간의 수료 후 선택적 실습 훈련(Post Completion Optional Practical training)신청 자격이 부여된다. ELI 집중영어 프로그램(Intensive English Program)은 학생 및 직장인 모두 등록 가능한 프로그램으로 10주, 8주, 5주 및 4주 기간의 프로그램들이 연중 내내 개설되고, 이 프로그램의 핵심 과정은 읽기, 쓰기, 말하기, 듣기, 문법 및 발음이다. 방법(Academic Skills), 미국 문화 및 커뮤니케이션(U.S.Culture and Communication), 비지니스(Business), 특별한 관심사(Special Interest) 등 네 가지 각기 다른 영역에서 다수의 선택 과목이 있다. 학생들 자신에게 적합한 영어 학습 코스를 선택하고, UCSC 또는 UCSC Extension 반에 등록하거나, 미국 내 대학으로 편입할 수 있도록 ELI의 학업 상담과 정기적 워크샵에서 정보를 얻을 수 있다.

18 University of Illinois (Urbana–Champaign)

01 학교정보

- **주소** : 1205 W. Nevada Street, Urbana IL 61801
- **전화번호** : 1 217) 333-6598
- **팩스번호** : 1 217)265-0158
- **홈페이지** : http://www.iei.uiuc.edu
- **설립년도** : 1967년
- **학급당 학생수** : 1~15 명
- **한국학생** : 25~300% 미만
- **평균재학생수** : 약 180명
- **국제학생 비율** : 한국, 유럽, 일본, 대만
- **학교 주요시설** : 농구코트, 테니스 코트, 헬스센터, 도서관 등

*수업료와 숙박비 등 자세한 비용은 다음 미준모카페(http://cafe.daum.net/abroadstudy) 참조

02 상세정보

◉ 학교소개

어바나 샴페인에 위치하고 있는 University of Illinois는 세계 최고 수준의 대학교이다. 이 학교는 100여 개 국가에서 온 39,000명 이상의 학생들에게 다양하고 풍부한 문화적 경험을 제공한다. University of Illinois에서는 150개가 넘는 분야에서 학부 및 대학원 과정을 진행하고 있으며, 실질적인 응용 연구를 집중적으로 실행하고 있다. University of Illinois가 자리 잡고 있는 어바나 샴페인은 활동적인 국제적 지역 사회에 100,000명이 거주하고 있는 소규모의 안전하고 아름다운 대학도시이다. 아름다운 공원, 다양한 국가의 음식을 제공하는 레스토랑, 예술 및 역사박물관은 이 지역의 수많은 명소 중에서도 으뜸으로 손꼽히고 있다. 샴페인 어바나는 미국의 3대 주요 도시인 시카고, 세인트루이스, 인디애나폴리스로 쉽게 여행할 수 있는 거리에 있다. University of Illinois의 학생들은 도시와 전원생활의 장점을 동시에 즐길 수 있다.

◉ 학교특징

학교의 명성만큼이나 어학연수 과정에도 심혈을 기울이는 수업이 인기다. 학생들에게 영어 공부를 열심히 하도록 여러 방면에서 동기부여를 해주는 곳이다. 어바나 샴페인에 위치하고 있는 University of Illinois는 세계 최고 수준의 대학교 기숙사, 아파트 또는 홈스테이 등 편리하고 저렴한 가격의 숙소, 대학 레크리에이션 설비 이용, 캠퍼스 내의 최신 컴퓨터 설비 이용 및 무료 인터넷을 이용할 수 있다.

University of Pennsylvania

01 학교정보

- **주소** : 110 Fisher-Bennett Hall, 3340 Walnut Street, Philadelphia, PA, 19104-6274
- **전화번호** : 1-215-898-8681
- **팩스번호** : 1-215-898-2684
- **홈페이지** : http://www.sas.upenn.edu/elp/
- **설립년도** : 1740년
- **학급당 학생수** : 평균 12~15명
- **한국학생 비율** : 30~40% 미만
- **평균재학생수** : 190~220명
- **국제학생 비율** : 한국, 중국, 대만, 일본, 중남미, 유럽
- **소재도시** : Philadelphia-PA
- **학교주요시설** : 컴퓨터실, 어학실습실/CD Room
- **수업료** : 7주 (1 Session) 약 $ 3,138
- **기타 비용** : 학생회비금 : U$ 286/7주, U$ 157/4주, U$ 2,142/UniConn
  의료보험료 : U$ 158/7주, U$ 79/4주, U$ 826/UniConn (UPenn 의료 보험 의무 가입)

02 상세정보

◉ 학교소개

1740년에 벤자민 프랭클린(Benjamin Franklin)이 세운University of Pennsylvania는 아이비리그(Ivy League: 8개의 명문 미국 대학의 모임) 소속 University of Pennsylvania는 4개의 학사학위와 12개의 석사 학위를 수여하고 있으며, 또한 의대, 상대(Wharton school) 등의 전문직 교육을 제공하고 있다. University of Pennsylvania 부설 어학원 English Language Programs 는 1960년에 설립되었으며 매년 세계 각국으로부터 1,800명 이상의 어학연수생들이 대학영어와 생활영어 실력향상을 위해 ELP을 찾고 있다.

◉ 학교특징

ELP는 일정 기준 이상에 부합되는 어학원들만으로 구성된 교육 연맹 UCIEP(전 미국 대학 집중 강좌 연맹)의 가맹 어학원이다. ELP는 일반 영어, 비지니스 영어, 대입준비, 전문직 영어 등의 폭넓은 프로그램을 제공하고 있으며, ELP의 모든 교과 과정은 각 학생의 학습능력에 맞춘 지도와 최적의 학습 환경을 제공을 목표로 만들어졌다. ELP는 일반 영어 프로그램 이외에도 대학 진학준비 프로그램 제공과 문화이벤트 개최 등의 폭넓은 분야에서의 국제교류와 영어교육을 실천하고 있을 뿐만 아니라 대학 진학을 희망하는 학생에게는 대학 진로상담 및 교실 수업, 문화 활동이나 Pennsylvania주 명소 방문 등, 각종 야외활동을 통하여 미국인과 영어를 사용할 기회를 제공하고 자연스럽게 영어와 미국문화를 익힐 수 있는 학습 환경을 조성한다. ELP학생들은 도서관, 컴퓨터실, 캠퍼스 버스, 아이스 스케이트장, 실내 수영장, 체육관 등의 캠퍼스 내 각종 시설을 모두 이용할 수 있다.

20 University of Southern California(USC)

01 학교정보

- **주소 :** University of Southern California 938 West 34th Street, HSS Building Los Angeles, California 90089-0062
- **홈페이지 :** http://www.usc.edu/dept/education/langacad/
- **전화번호 :** 1-213-740-0080
- **팩스번호 :** 1-213-740-0088
- **설립년도 :** 1870년
- **학급당 학생수 :** 평균 12-15명
- **한국학생 비율 :** 20~30% 미만
- **국제학생 비율 :** 아시아, 중남미, 한국, 남미, 중동, 유럽
- **평균재학생수 :** 80-200명
- **학교 주요시설 :** 컴퓨터실, 어학실습실 도서관
- **학생회관 수업료 :** 4주 약 $1400+
- **기타 비용 :** Student Services Fee : $465 (8, 10주) / $315 (4, 5주) / $515 (USP 과정)포함 내역(학생증, 의료보험, 체육관시설 이용, 버스패스, 인터넷사용, 도서관 이용, 주말여행)

02 상세정보

⊙ 학교소개

한국에서는 남가주 대학으로 더 잘 알려진 학교 University of Southern California(USC)이다. 이 학교는 Los Angeles 시내에 자리 잡고 있는 미국의 대표적 일류 사립대학 중의 하나이며, 주립대학으로 유명한 UCLA와 자동차로 불과 20분 거리에 인접해 있다. USC Language Academy는 학업 또는 전문직을 준비하는 분들에게 연중 계속되는 양질의 ESL(English as a Second Language)강의를 통해 특별한 대학 교육 프로그램을 제공한다. 저희 USC Language Academy는 세심한 학업 프로그램과 학내활동 및 문화, 교육관련 활동 등을 통하여 자신의 영어 실력을 빠른 속도로 향상시킬 수 있도록 도움을 주는 것을 목적으로 한다. USC Language Academy는 미국에서 가장 유명한 명문사립학교들 중 하나인 University of Southern California의 부설 프로그램이다.

⊙ 학교특징

이 대학에는 건축, 비즈니스, 의학, 교육 등 22개 학부에 800개 이상의 전공과목이 준비되어 있는데 그 중에서도 국제관계, 정치학 분야는 오랜 전통과 높은 수준의 교육을 자랑하고 있다. 1880년 학교가 세워진 이후로 25만 명이 넘는 유명하고 우수한 인재를 배출시키고 있으며, 이곳 출신들은 UCLA의 졸업생과 같이 Los Angeles 일대의 정치, 경제계에 많이 진출해 있는 상황이며 특히 판사, 변호사, 치과 의사 등의 과반수를 USC 출신자가 점유하고 있을 정도이다. 세계 116개국으로부터 온 6,000명 이상의 외국인 학생들과 더불어, USC는 미 서부지역의 어느 대학교보다도 많은 130여 개국 이상의 국가에서 온 4,300명 이상의 학생이 이곳에서 공부하고 있다. 150 에이커의 캠퍼스에는 초현대적 빌딩과 전통 있는 중후한 분위기의 건물이 조화를 이루고 있다.

이 Academy의 풀타임 강사진은 TESOL(Teaching English to Speakers of Other Languages)이나 언어학 또는 관련 분야에서 석사 혹은 박사 학위를 가지고 있다.

21 University of Washington

01 학교정보

- **주소** : University of Washington, ELP, Box 354232 Seattle WA 98195
- **전화번호** : 206 543 6242
- **팩스번호** : 206 685 9572
- **홈페이지** : http://depts.washington.edu/uwelp/
- **설립년도** : 1861년
- **학급당 학생수** : 평균 12~15 명
- **한국학생 비율** : 30% 미만
- **평균재학생수** : 300명 (학교규모)
- **국제학생 비율** : 아시아, 중남미, 중동, 유럽 등
- **학교 주요시설** : 컴퓨터실, 언어실습실, 도서관, 회화관, 카페, 스포츠 시설 등
- **수업료** : 12주 $2,940
- **기타 비용** : 의료보험료 : U$ 204/10주, U$ 64/3주
    교재비 : 약 U$ 140/10주 , 3주 과정은 학비에 포함.
    UPASS : $44등록비 : $35

02 상세정보

⊙ 학교소개

University of Washington의 ESL 프로그램은 대학 캠퍼스와 다운타운 캠퍼스에 개설되어 있다. 아카데믹 영어뿐 아니라 일반 영어에도 초점을 맞추고 있으며, 비즈니스 영어와 컴퓨터 수료증 과정도 개설이 되어 있다. University of Washington 의 학문적인 핵심은 College of Arts and Sciences이고, 대학의 전문적인 학교의 교육과 연구는 arts, humanities, social sciences, natural and mathematical sciences 분야에서 핵심적인 교육과정을 제공한다.

Law, medicine, forest resources, oceanography, fisheries, library science, aeronautic 프로그램은 주법에 의해 University of Washington에서 독점적으로 가르친다. 또한 public health와 dentistry 등 health science fields에서 최고의 책임성을 실현한다고 평가되며, Pacific Northwest 와 Alaska의 여러 주에 medicine 분야의 교육과 훈련을 제공한다. architecture and urban planning, business administration, education, engineering, nursing, pharmacy, public affairs, and social work는 미국에서도 가장 긴 전통을 가진 교육을 제공한다.

⊙ 학교특징

명문대의 명성 뿐 아니라 영어실력을 갖춘 학생들에게 양질의 교육을 제공하기 때문에 현지에서는 물론 국내에서도 인기가 있는 학교이다. 대학부설이지만 다양한 영어연수 과정을 제공한다.

1861년 11월에 설립된 University of Washington은 가장 Pacific coast에서 가장 오래되고 가장 높은 교육과정을 가진 주립대 중 하나로 지식의 보존, 진보, 보급을 대학의 미션으로 삼고 있으며, 세 개의 캠퍼스로 구성되어 있다. Seattle Campus는 학부과정에서부터 박사과정까지 있는16개의 학교와 college로 구성되어 있고, 독창성을 가지고 매우 빠르게 발전한 Bothell과 Tacoma 캠퍼스는 학사의 upper-division이나 대학원학생을 위한 다양한 프로그램도 있다.

22 Yale University

01 학교정보

- **주소** : 55 Whitney Avenue, Suite 402New Haven, CT 06510 USA
- **전화번호** : (203) 432-2430
- **팩스번호** : (203) 432-2434
- **홈페이지** : http://www.yale.edu/eli/
- **설립년도** : 1701년
- **학급 당 학생수** : 10~12명
- **한국학생 비율** : 20% 미만
- **평균재학생수** : 50~70명(여름기간만 6주 동안 수업 가능)
- **국제학생 비율** : 10개국 학생들
- **학교 주요시설** : 카페테리아, 도서관, 학생 식상, 교내 기숙사
- **수업료** : 6주 $3,400
- **기타비용** : 의료보험료 : $100 / 6주 (학비에 포함되어 있음)   교재비 : $300 – $350 / 6주

02 상세정보

⊙ 학교소개

1701년 독립파(獨立派) 목사들이 세이브룩에 세운 칼리지어트 스쿨에서 비롯된 대학이다. 1718년 지금의 위치로 옮기고 대학에 많은 기부를 한 E.예일을 기념하여 학교명을 예일대학으로 바꾸었다. 1787년 종합대학이 되었고, 1847년에는 미국 최초로 박사과정을 두고 학위를 수여하였다. 창립 이래 영국식 교육 형태를 유지하고 있으며, 아이비리그에 속한 8개 대학 가운데 하나이다. Yale은 세계적인 유명 대학이라는 명성에 맞게 건축학, 예술, 신학, 연극, 사림 환경학, 법학, 경영학, 의학, 음악, 간호학들의 고른 분야의 유능한 인재를 배출하고 있다.

대표적으로 부시 대통령, 캐리의원이 Yale 출신이고, 그 외 에드워드 노튼, 조지포스터 등의 유명 배우와 알란파큘라, 존바담 등의 유명한 감독도 Yale 출신이다. 현재 학부인 예일 칼리지와 문리과 대학원 및 건축학, 예술, 신학, 연극, 삼림·환경학, 법학, 경영학, 의학, 음악, 간호학의 10개 전문대학원으로 구성되어 있다. 43개의 도서관에 약 1,080만 권의 각종 도서와 520만 점의 마이크로폼 자료 및 18만 2000여 점의 시청각자료, 5만 7400종의 정기간행물이 비치되어 있고, 부설시설로는 미술관, 자연사박물관, 플라네타리움, 라디오방송국, 베이네케 희귀본·필사본도서관, 마시식물원, 예일 자연보존지역을 비롯하여 많은 연구센터가 있다.

⊙ 학교특징

여름영어 과정이 7월~8월 6주 동안만 가능하기 때문에 기간이 너무 짧다는 단점이 있으나 토플 성적이 페이퍼 350 이상 있어야 하는 조건이 있어 중 고급 레벨의 영어를 배우기 위해 Yale 대학의 여름영어 연수과정을 학부생이나 대학원생 혹은 전문인 등 학업능력이 우수한 많은 학생들이 등록하고 있다. Yale University의 여름영어 과정에 대한 인지도는 예일대학과 대학원의 높은 명성에 비해 떨어지는 편이다.

왜냐 하면 Yale의 영어과정(English Language Institute)은 다른 대학과 달리 오직 여름인 7월과 8월에 걸쳐서 6주간만 개설되기 때문이다. 그리고 Yale 대학의 여름영어 연수과정은 학부생이나 대학원생 혹은 전문인 등 학업능력이 우수한 학생들을 대상으로 어느 정도의 영어 능력이 요구되기 때문이기도 하다. 고등학생의 경우에도 추천인이 2인 이상 있을 경우 참가가 가능하다.

보너스
02

미국 주요도시 사설 명문 16선 어학연수

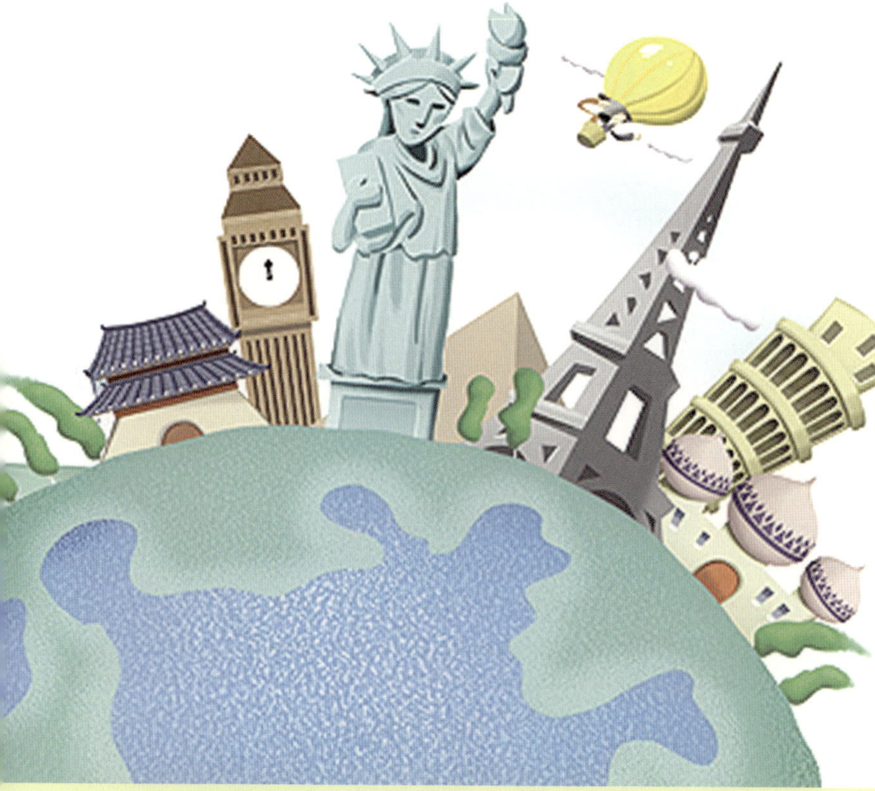

09 Inlingua – Washington DC

10 CISL(Converse International School of Languages) – San Diego

11 ESLI – University of Southern Indiana

12 EF– Oakland (Mills College)

13 WESLI – Wisconsin English as a Second Language Institute

14 ELC(English Language Center – Los Angeles)

15 Rennert – Miami

16 Global Village – Hawaii

미국 주요도시 사설 명문 16선

미국 주요도시 사설어학연수기관들로써 오랫동안 명성을 쌓아온 명문 사설학교 16선이다. 미국 내 주요도시마다 센터와 다양한 전공과목이 개설되어 있고, 자유로운 지역선택과 학교이동이 가능하다. 대학 및 대학원 진학·직업상 영어능력향상, 등의 이점도 살펴보자.

New York 명문 어학연수 학교

Kaplan Aspect – NewYork Empire State Building

01 학교정보

- **주소 :** The Empire State Building 350 Fifth Avenue New York NY 10118 USA
- **전화번호 :** 1-646-285-0300
- **팩스번호 :** 1-646-285-0308
- **홈페이지 :** http://www.kaplanaspect.com
- **설립년도 :** 1963년
- **학교위치 :** 맨하탄 도심 내 the Empire state building 63층
- **운영레벨 :** 7단계
- **학급당 학생수 :** 평균 10~15명
- **한국학생비율 :** 30~40% 미만
- **평균재학생수 :** 200~300명
- **소재도시 :** New York, NY
- **학교종류 :** 대학 내 사설
- **시험코스 :** TOEFL
- **학교주요시설 :** 도서관, 컴퓨터실, Student 룸, 언어 학습실
- **인증 :** ACCET
- **KaplanAspect 미국 내 센터 현황 :** 버클리, 보스톤, 시카고, 하버드 스퀘어, 로스앤젤레스, 웨스트우드, 마이애미, 뉴욕-이스트 빌리지, 뉴욕-미드타운, 뉴욕-엠파이어 스테이트 빌딩, 필라델피아, 새크라멘토, 샌디에고, 샌프란시스코, 시애틀, 워싱턴 DC 등 주요도시 22개 센터

* 미국 내 도시별 KaplanAspect 센터의 자세한 정보는 ㈜미국유학닷컴(www.us-uhak.com) 홈페이지 참조.
그 외 800여 개의 미국어학연수 학교 정보 검색가능.

02 상세정보

⊙ 학교소개

KaplanAspect은 지난 40여년 국제 교육으로 훌륭한 명성을 쌓았고, 회화 중심의 어학기관으로 뉴욕 외에 시카고, 샌프란시스코, LA, Santa Barbara, San Diego 등의 센터가 있어 학교 이동이 자유롭고, 사설기관으로는 회화 중심의 어학기관이다.
New York Center는 일반과정 외에 인턴십 과정이 학생들에게 만족도가 높으며, 엠파이어 빌딩 63층이 자리잡고 있어 아름다움 뉴욕의 시내를 한 눈에 볼 수 있다.

⊙ 학교특징

New York 센터는 교실 공간이 넓은 편이며, 학교 담당자와 교사들이 젊어 활기찬 분위기를 자랑한다. 또한 인턴십은 다른 학생들의 만족도가 높으며 그 외에도 다른 어학기관에 비해 개인교습비용이 저렴하다 뉴욕 외에 센터가 5곳이 더 있어 학생들이 원하면 센터 이동이 가능하다.

Philadelphia 명문 어학연수 학교
ELS Language Center – St.Joseph's University

01 학교정보

- **주소** : 5414 Overbrook Ave. Philadelphia, PA 19131-1335
- **전화번호** : 1-215-473-4430
- **팩스번호** : 1-215-473-3220
- **홈페이지** : http://www.els.com/contents/index.aspx
- **설립년도** : 1961년(ELS)
- **학교위치** : 도시 근교 지역
- **운영레벨** : 12단계
- **학급당 학생수** : 평균 12~14명
- **한국학생비율** : 10~20% 미만
- **평균재학생수** : 100~110명
- **국제학생비율** : 한국, 중국, 대만, 일본, 남미, 유럽
- **소재도시** : Philadelphia-PA
- **학교종류** : 대학 내 사설
- **시험코스** : 토플 준비반, 집중영어 과정
- **학교주요시설** : 도서관, 컴퓨터실, 체육관, 학생회관, 영화관, 수영장, 스포츠 센터
- **인증** : ACCET 의 인가, AACRAO, AAIEP, FIYTO, NAFSA, TESOL의 회원학교
- **ELS 미국 내 센터 현황** : 뉴욕, 보스턴, 캘리포니아, LA, 샌프란시스코, 샌디에고, 산타바바라, 콜로라도, 플로리다, 올랜도, 조지아, 아이다호, 일리노이, 인디애나, 미네소타, 미주리, 오레곤, 텍사스, 와이오밍, 워싱턴, 테네시, 펜실베니아, 오하이오 오클라호마, 등 미국 내 31개 주요지역에 분포

02 상세정보

◉ 학교소개

ELS/필라델피아는 시내 중심가에서 25분 거리에 아름답고 안전한 St. Joseph's University 캠퍼스에 위치한다. 이 대학은 가장 인기 있는 프로그램인 경영, 컴퓨터 과학 및 국제관계 분야를 비롯해 학사와 석사 학위를 모두 제공한다. 자신의 모국에서 취득한 대학학위가 있는 ELS 학생들은 9월과 1월에 대학이 제공하는 비즈니스 4개월 수료과정에 등록할 수 있다.

◉ 학교특징

ELS는 지역선택의 폭이 넓어 31개 센터 어디에서나 2곳 이상의 센터를 선택할 수도 있다. 미국 내 다른 지역에 있는 여러 센터로 무료 이전 프로그램이 추가 비용 없이 제공되고, 목적에 맞는 다양한 영어 과정과 개인의 필요와 목표에 맞는 특징적인 프로그램들을 운영한다. ELS Language Centers의 프로그램은 영어 의사 소통 능력을 향상시키기 위하여 독창적이고 역동적인 학습 방식을 활용한다. 문법 규칙을 외우기 보다는 영어의 구조와 기능들을 의미 있는 실제 상황에 적용함으로써 유창한 영어를 구사할 수가 있다. 학생들이 수업 과정에 적극적으로 참여할 수 있게 고안된 여러 가지 혁신적인 기법으로 학생들은 종합적 기술 접근법, 롤플레잉(역할극)과 문제 해결 훈련, 토론, 2인 1조 및 소규모 그룹 활동 방법을 활용하는 흥미 있는 수업을 운영한다.

할인, 장기 수강 패키지는 영어학습을 경제적으로 할 수 있고, 영어를 배우면서 대학 수업 관찰이나 청강도 가능하다.

03

Berkeley 명문 어학연수 학교
LSI – Berkeley / San Francisco

01 학교정보

- **주소** : 2015 Center Street Berkeley CA 94704
- **전화번호** : 1 510 841 4695
- **팩스번호** : 1 510 841 3015
- **홈페이지** : http://www.lsi.edu/
- **설립년도** : 1980년
- **학교위치** : 대도시 근교 지역
- **운영레벨** : 8단계
- **학급당 학생수** : 평균 11~12명
- **한국학생비율** : 15~20% 미만
- **평균재학생수** : 700명
- **국제학생비율** : 스위스 25~30%, 독일 20~30%, 이탈리아 20~25%, 일본 10~15%, 한국, 기타
- **소재도시** : Berkeley - CA
- **학교종류** : 사설
- **시험코스** : TOEFL, TOEIC, FCA, CAE
- **학교주요시설** : 12개의 교실, 2개의 컴퓨터실과 13개의 컴퓨터, 무료 인터넷 사용, 도서관 및 공부방, 주방, 휴게실 등
- **인증** : ACCET
- **LSI 미국 내 센터 현황** : 뉴욕, 보스턴, 샌프란시스코, 샌디에고, 버클리

02 상세정보

◉ 학교소개

LSI버클리 학교는 1980년에 설립되었고 버클리 도심지에 있다. 버스 정류장과 가깝고 대학 캠퍼스와도 몇 블록 거리이다. 이 지역에는 많은 레스토랑, 커피 전문점, 서점 등이 많다.

이 학교는 인터넷을 무료로 사용할 수 있는 컴퓨터실 2개와 학생도서관, 야외 실내 공유지 등을 포함한 9개의 클라스룸이 있다.

또래의 학생들과 함께 사회활동 레저를 즐길 수 있고, 캘리포니아 전역에 있는 명소들도 학교가 준비한 프로그램을 따라 방문할 수 있다.

◉ 학교특징

1. 40년 전통과 한 반이 10명 이내 구성되어 있고, 유럽 학생이 많은 편이다 유럽에서 유명한 학교이다.

2. 소규모로 학교 분위기가 친근하다.

3. 친절하고 전문적인 교사와 스탭들이 많다.

4. 레벨에 따른 다양한 과정으로 안내하는 프로그램이 운영된다.

04 San Diego 명문 어학연수 학교
Embassy CES – San Diego

01 학교정보

- **주소** : Suite 1700–600 B Street San Diego, CA 92101 USA
- **전화번호** : 1-619-235-9222
- **팩스번호** : 1-619-235-9522
- **홈페이지** : http://www.embassyces.com/
- **학교위치** : 도시 중심가
- **운영레벨** : 6단계
- **학급당 학생수** : 평균 12~15명
- **한국학생비율** : 30~40% 미만
- **소재도시** : San Diego, CA
- **학교종류** : 대학 내 사설
- **시험코스** : FCE, TOEFL, TOEIC
- **학교주요시설** : 컴퓨터실, 휴게실
- **인증** : ACCET
- **Embassy CES 미국내 센터현황** : 보스톤, 뉴욕, 샌프란시스코, 로스앤젤레스, 시애틀, 샌디에고, 포트로더데일

* 미국 내 도시별 KaplanAspect 센터의 자세한 정보는 ㈜미국유학닷컴(www.us-uhak.com) 홈페이지 참조.
 그 외 800여 개의 미국어학연수 학교 정보 검색가능.

02 상세정보

◎ 학교소개

Embassy CES 샌디에고는 도시 중심 현대식 고층 빌딩 내에 있으며, 호튼(Horton) 플라자 (도시 내 주요 쇼핑 지역 중의 하나)와 개스램프 쿼터(Gaslamp Quarter)에서 도보로 매우 가까운 위치에 있다.
Embassy CES 샌디에고는 에어컨 시설이 완비된 고층빌딩에 있는데,, 매우 넓고 아름다운 도시 전경을 볼 수 있다. 샌디에고 센터의 최대 정원은 270명이다.

◎ 학교특징

Sunny San Diego라 불리울만큼 캘리포니아의 전형적인 여유를 느낄 수 있는 센터로 화창한 날씨와 끝없이 펼쳐진 모래 해변, 역사적인 장소와 활발한 상점가를 모두 누릴 수 있는 좋은 위치에서 다양한 활동과 경험을 하며 공부할 수 있는 최적지이다.
캠브리지 코스와 인턴십, Pre-Masters같은 전문적인 프로그램이 갖추어져 있어 학생은 매우 다양한 선택을 할 수 있다. 다양한 여가활동도 즐길 수 있고, 무료 대학진학 서비스도 받을 수 있는 것이 특징이다.

05

San Francisco 명문 어학연수 학교
GEOS – San Francisco

GEOS – San Francisco

01 학교정보

- **주소** : 1 Sutter Street Suite 400 San Francisco, CA 94104
- **전화번호** : 416-392-6852
- **홈페이지** : http://www.geos-school.com/
- **설립년도** : 1973년
- **학교위치** : San Francisco
- **운영레벨** : 7단계
- **학급당 학생수** : 평균 15명
- **한국학생비율** : 12%
- **평균재학생수** : 80~150명 (학교규모)
- **국제학생비율** : 한국인 12%, 일본인 25%, 스페니시 2%, 태국 36%, 터키 8%, 타이완 12%, 콜롬비아 6%, 독일 2%
- **소재도시** : 샌프란시스코 – 교통이 편리한 시내에 위치, San Francisco Airport와 가까운 곳에 위치
- **학교종류** : 사설
- **시험코스** : TOEFL / TOEIC
- **학교주요시설** : Computer Facilities (E-mail, 인터넷, 과제 시 이용가능)
  Cultural Activities and Excursions (적은 비용으로 학생들과 학교관계자들이 함께하는 지역 여행 참가가능)
  Counseling (적응, 홈스테이, 숙소, 개인적인 일, 공부에 대한 지도상담)
  Other Accommodations (호텔, 기숙사 연결가능)
- **인증** : ACCET
- **GEOS 미국내 센터현황** : 뉴욕, 코스트메사, 토렌스, 보스톤, 호놀룰루, 샌프란시스코

* 미국 내 도시별 KaplanAspect 센터의 자세한 정보는 ㈜미국유학닷컴(www.us-uhak.com) 홈페이지 참조. 그 외 800여 개의 미국어학연수 학교 정보 검색가능.

02 상세정보

◉ 학교소개

GEOS는 영어교육을 통하여 국제간의 의사소통을 촉진시킨다는 목표 아래, 1973년에 설립되었다. 현재, GEOS는 유럽, 북미, 동남아, 북아시아 그리고 오세아니아에 걸쳐 500여 개의 어학교 및 대학들과 네트워크를 구성하고 있다. 이런 지역에서 흥미롭고 다채로운 문화와 생활관습의 직접 체험을 영어실력을 향상시킬 수 있는 기회를 전 세계의 모든 학생들에게 제공하고 있다. GEOS는 우수한 서비스와 전문성 그리고 국제적인 경쟁력을 바탕으로, 다른 영어교육 기관들과의 차별화를 지향하고 있다.

◉ 학교특징

수업료가 저렴하면서 수업 충실도가 높아 학생들의 호응도 높은 편이다.

06

Chicago 명문 어학연수 학교
Intrax – Chicago City Center

01 학교정보

- **주소** : 540, North LaSalle, Chicago, Illinois 60610
- **전화번호** : 1-312-645-9170
- **팩스번호** : 1-312-645-9171
- **홈페이지** : http://www.intraxenglish.com/
- **설립년도** : 1999년
- **학교위치** : 시카고 다운타운, 금융가 중심
  시카고 국제공항과 가까운 위치 (O'Hare International Airport)/ 미시간 호로 걸어 다닐 수 있는 거리
- **운영레벨** : 10단계
- **학급당 학생수** : 평균 14~8명
- **한국학생비율** : 20%
- **국제학생비율** : 브라질, 콜롬비아, 체코, 프랑스, 독일, 일본, 한국, 스위스, 대만
- **소재도시** : 시카고
- **학교종류** : 사설
- **시험코스** : TOEFL / TOEIC / GMAT
- **학교주요시설** : 컴퓨터 랩실 / 이메일
- **인증** : ACCET
- **Intrax 미국 내 센터 현황** : 샌프란시스코, 샌디에이고, 시카고

* 미국 내 도시별 KaplanAspect 센터의 자세한 정보는 ㈜미국유학닷컴(www.us-uhak.com) 홈페이지 참조.
그 외 800여 개의 미국어학연수 학교 정보 검색가능.

02 상세정보

⊙ 학교소개

Intrax 영어학교는 1993년 설립된 사설 영어학교로서 현재 미국의 샌프란시스코, 샌디에이고, 시카고와 캐나다의 밴쿠버, 총 4개의 센터가 있다. 일반영어와 각종 시험준비과정, 장기과정을 제공하고, Intrax 미국센터에서는 학생들이 영어과정과 대학교의 정규과정을 함께 수강할 수 있는 패키지 과정(College & University Programs)도 제공한다. 인턴십 또한 Intrax의 인기 프로그램이다.

⊙ 학교특징

학교지원서비스와 엑티비티가 제공된다.

－학교지원 서비스

- 공항 마중, 환송 서비스
- 매주 월요일 오리엔테에션
- 학생증 발급
- Ekit폰, 이메일, 음성 사서함 서비스
- 비자 수속시 참고자료 제공
- 개별적인 학습, 진로상담
- 숙박 알선
- 대학 진학 설명회 지원

－ 엑티비티

시카고 센터의 엑티비티 : 각종 엑티비티를 계획한 커리큘럼은 학생들의 영어실력만을 키우기 위해 짜여진 것이 아니라 연수 생활의 추억도 만들 수 있도록 마련되었다. 또한 강사진은 학생의 개별적인 관심에 따라 카페에서의 수업이나 칼로리 클럽과 같은 특별한 수업과 워크샵을 진행하기도 한다.

Portland 명문 어학연수 학교
IH(International House) – Portland

01 학교정보

- **주소** : International House Portland 200 SW Market st. Suite 111 Portland OR 97201 USA
- **전화번호** : 1-503-224-1960
- **팩스번호** : 1-503-224-2041
- **홈페이지** : http://www.ihworld.com/usa/
- **설립년도** : 1953년
- **학교위치** : 포틀랜드 도시 시내 지역/ 가까운 공항 : 포틀랜드 공항
- **학급당 학생수** : 평균 11~12명
- **한국학생비율** : 10%
- **국제학생비율** : 일본, 한국, 사우디, 대만
- **소재도시** : 포틀랜드
- **학교종류** : 사설
- **시험코스** : TOEIC, TOEFL, IELTS
- **학교주요시설** : 멀티미디어센터, 도서관, 무료 이메일/인터넷
- **인증** : ACCET
- **IH 미국 내 센터 현황** : 포틀랜드, 산타모니카, 샌디에이고

* 미국 내 도시별 KaplanAspect 센터의 자세한 정보는 ㈜미국유학닷컴(www.us-uhak.com) 홈페이지 참조.
 그 외 800여 개의 미국어학연수 학교 정보 검색가능.

02 상세정보

⊙ 학교소개

세계적 명성의 전통 명문 Ih International House는 30개국 20개 이상의 센터를 갖춘 국제적인 영어교육기관이다. 세계 최초로 독자적인 영어교사 훈련 프로그램을 개발하였고, 유명 영어교재의 저자들이 직접 강의하는 학교로 유명하다. 수준 높은 강사진으로 특히 유럽 학생들에게 최고의 인기를 받고 있는 학교이다. 미국에 여러 센터가 있고 Portland 센터는 시내 중심가에 위치해 있고, 멀티미디어센터, 도서관 그리고 쾌적한 교실 등 우수한 시설과 환경을 자랑하고 있다. 한 반에 최대 12명으로 수업을 하고, 우수하고 경험 많은 자질 높은 교사진들에게 철저한 영어 학습을 받을 수 있다.

⊙ 학교특징

적은 한인 비율로 여러 시험공부를 할 수 있는 교육기관이다. IELTS, TESOL 등 현지인을 위한 프로그램도 있으므로 외국인들과의 만남도 가능하다. 또한 파티, 여행, 피크닉, 오페라 관람, 바비큐파티, 박물관, 현장 견학 등의 활동, 재즈와 장미로 유명하며 야외활동을 즐길 수 있는 지역에서 활동뿐 아니라 우수한 교수진과 철저한 영어수업까지 할 수 있다.

Boston 명문 어학연수 학교

NESE(New England School of English)

01 학교정보

- **주소** : Harvard Square, 36 John F. Kennedy St. Cambridge, MA 02138
- **전화번호** : 1 617 864 7170
- **팩스번호** : 1 617 864 7282
- **홈페이지** : http://www.nese.com
- **설립년도** : 1990년
- **학교위치** : 도시지역, 보스턴 시내에서 10분 정도, 40분 거리의 Logan국제공항
- **운영레벨** : 10단계
- **학급당 학생수** : 평균 9~12명
- **한국학생비율** : 15~30%
- **평균재학생수** : 200~350명 (학교규모)
- **국제학생비율** : 중남미계, 이탈리아, 한국, 대만
- **소재도시** : 보스톤
- **학교종류** : 사설
- **시험코스** : TOEFL, 대학진학영어
- **학교주요시설** : 컴퓨터실, 비디오룸, 도서관
- **인증** : ACCEET

02 상세정보

⊙ 학교소개

NESE는 뉴욕 주 동쪽 명문대들이 많이 위치하고 있는 Massachusetts 주에 위치하고, Boston에서 차로 10분 정도의 거리 NESE는 대학 도시로 유명한 캠브리지의 하버드 광장에 위치한다. 이 학교의 집중 영어반 교과과정은 학생들에게 각자의 학업목표를 가장 효과적으로 빠른 시간 내에 달성하도록 구성되어 있다. 강사진 전원은 하버드 대학교를 비롯한 우수한 미국의 명문 대학교에서 학위를 취득하고 충분한 교수경험을 가진 열성적인 전문인들로 구성되어, NESE의 자문위원들은 모두 하버드 대학의 현직 교수들이 맡고 있다. 그야말로 명문사립 어학원이며, 프로그램의 질이나 시설 차이가 다른 어학원과는 비교가 되지 않을 것이다. 일반 영어과정 외에도 토플준비반, 비즈니스영어, 법률영어, 발음, 대학준비 반 등의 수업을 선택할 수 있다.

⊙ 학교특징

하버드대학교에서는 NESE의 집중영어프로그램을 선택하고, NESE의 학급규모, 하버드출신 강사진으로 우수함을 인정받았다. 대부분의 강사진이 하버드 대학을 비롯한 일류 대학의 석사학위 소지자이고, 그 외에도 학급당 수업 규모가 작기 때문에(6~12명), 학생과 강사 간의 친밀도가 매우 높고, 학생들의 적극적인 참여를 유도한다.

Harvard 대학교 로스쿨(텍스프로그램)에 입학하기 위해 유학생들에게는 영어부분 토플 580점을 요구하지만, NESE에서 영어과정을 마친 학생들은 토플을 면제해주는 조건부 입학을 허용하는 것이 최근에 결정되었다.

Washington DC 명문 어학연수 학교

Inlingua – Washington DC

01 학교정보

- **주소** : 1901 N, Moore St., Suite LL-01, Arlington, VA 22209, U.S.A
- **전화번호** : 703-527-7888
- **팩스번호** : 703-527-9866
- **홈페이지** : http://www.inlinguadc.com/
- **설립년도** : 1998년
- **학교위치** : 도시지역/
- **운영레벨** : 12단계
- **학급당 학생수** : 평균 9~12명
- **한국학생비율** : 15~30%
- **평균재학생수** : 450명 (학교규모)
- **국제학생비율** : 중남미계, 이탈리아, 한국, 대만
- **소재도시** : 보스톤
- **학교종류** : 사설
- **시험코스** : TOEFL, GRE, GMAT, IELTS
- **학교주요시설** : 컴퓨터실
- **인증** : ACCEET

02 상세정보

⊙ 학교소개

30년 이상 영어교육을 해온 Inlingua이므로 경험 많은 교사들이 많고, 시내에 있음에도 불구하고 경쟁적인 가격을 자랑한다. 학교 위치는 MARC 기차역에서 10분거리, Rosslyn 지하철역에서 한 블록 떨어져 있다. 수업은 월요일부터 금요일까지 아침, 저녁수업이 이루어진다.

⊙ 학교특징

Inlingua Washington, DC - English Center 는 1968년도부터 30년 이상 영어교육에 힘써왔다. inlingua 는 경험 많은 교사들은 물론 시내에 위치하고 대규모의 학원이다. 반면에, 매우 저렴한 비용으로 수강이 가능하다는 것이 이 학교의 특징이자 장점이기도 하다.

학생의 인종별 구성은 Asians 25%, Europeans 25%, Latins 35%, Africa 15% 로 매우 다양한 편이며, 전체 재학생은 평균 450명에 달하는 대규모 영어학원이다.

다양한 시험준비반을 운영하며, 특히 공식 IELTS시험을 치르는 곳으로 Listening, reading, writing, speaking을 골고루 공부할 수 있는 장점이 있다. GRE, GMAT과 같은 영어수업도 배울 수 있다.

San Diego 명문 어학연수 학교

CISL(Converse International School of Languages)

01 학교정보

- **주소** : 636 Broadway Street, Suite 210, San Diego, CA 92101
- **전화번호** : 1-619-239-3363
- **팩스번호** : 1-619-239-3778
- **홈페이지** : http://www.cisl.org/
- **설립년도** : 1981년
- **학교위치** : 도시지역
- **운영레벨** : 10단계
- **학급당 학생수** : 평균 8명
- **한국학생비율** : 15%
- **평균재학생수** : 150~200명 (학교규모)
- **국제학생비율** : 한국, 일본, 유럽
- **소재도시** : 샌디에고
- **학교종류** : 사설
- **시험코스** : TOEIC, TOEFL, Cambridge
- **학교주요시설** : 컴퓨터 랩실/ 이메일
- **인증** : ACCET
- **CISL 미국내 센터현황** : 샌디에이고, 샌프란시스코

* 미국 내 도시별 KaplanAspect 센터의 자세한 정보는 ㈜미국유학닷컴(www.us-uhak.com)홈페이지 참조.
  그 외 800여 개의 미국어학연수 학교 정보 검색가능.

02 상세정보

◉ 학교소개

CISL은 30년이 넘는 경험을 가지고 있는 전통 있는 교육기관이다. 한 학급 당 최대 학생 8명으로 학생 수를 제한하므로 교사들의 세심한 관리를 받을 수 있다. 전문적으로 여러 지역들이 항상 학생들을 돕기 위해 노력하며, 학교 위치도 학생들이 가장 선호하는 캘리포니아 지역에 위치한다.

한국인 비율이 그리 높지 않아 한국학생들이 공부하기에 알맞은 곳이며, 매주 월요일 개강이므로 계획을 세우기에도 좋은 곳이다. 또한 홈스테이, 아파트, Residence Club의 다양한 숙소를 학생들에게도 제공한다. 이 학교는 학생들이 효과적인 회화와 영어에 자신감을 가질 수 있도록 하는 것이 특징이다.

◉ 학교특징

CISL의 모든 교사들이 원어민으로 모두 학사학위 이상 소지자이다. 수업 분위기는 진지하고, 학생들과 교사 사이에 친근하고 따뜻한 분위기를 강조한다. 과정을 마친 후, CISL의 영어 수료증을 수여하고, 최대 학급 인원이 8명인 소수정원제를 고수한다. 일반영어과정을 그룹으로 수강하면서, 오후에는 개인지도를 받는 혼합과정도 수강할 수 있다.

CISL은 독특한 인터랙티브 교육방식이다. 인턴십 과정을 통해 현지 기업체에서 미국인들과 함께 근무할 수도 있다. 전문적이고, 친절한 행정담당직원들이 항상 학생들을 적극적으로 도와주며, 다양한 인종, 다양한 국적의 학생들을 만날 수 있다.

매주 월요일 과정이 시작되어 언제든지 입학이 가능하고, 아파트, 민박, 기숙사 등 학생에게 맞는 다양한 숙소 옵션이 있다.

Indiana 명문 어학연수 학교
ESLI – University of Southern Indiana

01 학교정보

- **주소** : 8600 University Boulevard, Evansville, IN 47712-3590
- **전화번호** : 1-360-588-1358
- **팩스번호** : 1-360-588-1398
- **홈페이지** : http://www.esli-intl.com/
- **설립년도** : 1965년
- **학교위치** : 도시근교/ 가까운 공항 : Evansville 국제공항
- **운영레벨** : 5단계
- **학급당 학생수** : 평균 10~12명
- **한국학생비율** : 20~30%
- **평균재학생수** : 55~70명 (학교규모)
- **국제학생비율** : 한국, 일본, 중국, 유럽
- **소재도시** : 에반스빌(Evansville)
- **학교종류** : 사설
- **시험코스** : TOEFL
- **학교주요시설** : 도서관, 컴퓨터실, Conversation Partner Program
- **인증** : ACCET
- **ESLI 미국 내 센터 현황** :
  루이지애나주 – 찰스레이크(맥니스 주립 대학교 캠퍼스 내)
  텍사스주 – 코퍼스 크리스티(텍사스 A&M 대학교 코퍼스 크리스티 캠퍼스 내), 캐년(웨스트 텍사스 A&M 대학교 캠퍼스 내)
  켄터키주 – 볼링 그린(웨스트 켄터키 대학교)
  인디애나주 – 에반스빌(서던 인디애나 대학교)

02 상세정보

◉ 학교소개

미국에 5개와 캐나다에 1개, 총 6개의 센터를 운영하고 있는 영어교육재단인 ESLI는 수준 높은 영어과정을 대학교 캠퍼스 내의 어학센터에서 오랫동안 운영해 왔다.

ESLI는 대학진학 영어(Academic English for University Entrance) 와 일반 회화반(Communication Skills) 프로그램, SAY 프로그램을 제공하며, 한 반 평균 인원은 10-12명이다. 레벨 수는 5개, 월-금요일까지 하루 5시간씩 수업은 주당 25시간이다. ESLI 대학교들은 자격을 갖춘 학생들을 대상으로, 대학 및 대학원 학위과정에 대한 조건부입학을 허가한다. ESLI 영어과정을 이수한 학생들은 TOEFL, GRE, GMAT 없이 본 과정에 입학가능하다.

◉ 학교특징

대학 내 사설로 영어연수 후에 대학 및 대학원으로 진학이 가능하다는 장점이 있고, 한국인 비율이 적고, 조용한 도시에서 공부하고자 하는 학생에게 적합하다. 이 학교는 60개 이상의 전공과목이 개설되어 있고, 특히, 일반적 아파트형 숙소와 호화로운 특별룸형태의 아파트 숙소 두 가지가 제공된다. 대부분 수업은 25시간 이하로, 학생과 교수진이 친밀하고, 학생들은 아카데믹 빌딩과 아파트형 거주지에 비치된 450개 이상의 컴퓨터로 초고속 인터넷을 사용할 수 있다.

에반스빌은 차로 Indianapolis, Cincinnati, Louisville, Nashville, St. Louis 와 같은 주요도시와 가깝고, the North Central Association of Colleges and Schools에 의해 학사, 석사과정을 인정 받았으며, ESLI 센터에서는 단기간 학생도 환영하고, 연수과정 학생들에게 대학진학 기회를 제공한다.

Oakland 명문 어학연수 학교
ESLI – University of Southern Indiana

01 학교정보

- **주소** : The English Center for Internationalwoman, PO BOX 9968, Oakland, California 94613
- **전화번호** : 1510 430 2234
- **팩스번호** : 1510 430 2259
- **홈페이지** : http://www.ef.co.kr/
- **설립년도** : 1977년
- **학교위치** : 도시지역
- **운영레벨** : 5단계
- **학급당 학생수** : 평균 12명
- **한국학생비율** : 10% 미만
- **평균재학생수** : 40명 (학교규모)
- **국제학생비율** : 브라질, 콜롬비아, 체코, 프랑스, 독일, 일본, 한국, 스위스, 대만
- **소재도시** : Oakland, California
- **학교종류** : 대학 사설
- **학교주요시설** : 도서관, 테니스코트, 수영장, 양호실, 사우나, 서점, 헬스센터
- **인증** : ACCEET
- **미국 내 EF 센터 현황** : 뉴욕, 로스엔젤레스 BEACH, 마이애미, 보스턴, 샌디에고, 샌프란시스코 샌프란시스코, 산타바바라, 시카고, 시애틀, 탐파베이, 호놀룰루

02 상세정보

⊙ 학교소개

EF는 사설 전문 언어교육기관으로 30여 년의 전통이 있고, 현재 전세계 13개국의 29개의 언어학교에서 다양한 과정의 프로그램을 제공한다. 미국 동/서부 지역 내 여러 곳에 이 프로그램을 개설하고, 개강일이 자유로워 학생들은 물론 직장인들도 짧은 시간으로 프로그램에 참여할 수 있다.

EF(Oakland) 센터는 미국 최고 명문 사립학교 중의 하나인 밀즈 대학(Mills College) 내에 있는데, 이 학교는 샌프란시스코 만 지역의 대도시 중의 하나인 오클랜드 지역에 위치하고, San Francisco 시내에서 버스로 약 35분 거리이다. 또한 UC 버클리 캠퍼스가 버스로 한 정거장 거리에 위치한다.

⊙ 학교특징

인턴십 프로그램과 English For Business 과정이 있고, 여러 스포츠 시설을 갖춘 공원같은 캠퍼스 (무선 인터넷) 다운타운으로서 샌프란시스코는 버스로 35분 거리이다.

모든 강사진은 전문교사자격증이 있고 평균 7년 이상의 교육경험으로 학생들의 만족도가 높다. 현대적인 캘리포니아 건축 양식의 아름다운 Ege 와 White Halls건물을 사용한다. 최신 어학 실습실, 도서관, 오락실과 비디오 라운지 등과, 소규모의 학교 분위기, 친근한 학교 직원들은 편안한 학습 환경을 조성한다. 방과 후에는, 테니스 코트, 수영장, 실내 체육관에서 여가 시간을 보낼 수 있다. EF 기숙사에서 지내거나 홈스테이로 미국인 가족과 생활할 수도 있다.

13

Madison 명문 어학연수 학교
WESLI – Wisconsin English as a Second Language Institute

01 학교정보

- **주소** : 19 N. Pinckney St, Madison, Wisconsin 53703 USA
- **전화번호** : 1 608-257-4300
- **홈페이지** : http://www.wesli.com/
- **학교위치** : 매디슨 시내 중심
- **학급당 학생수** : 12~15년
- **평균재학생수** : 약 200명
- **국제학생비율** : 한국, 일본, 대만, 태국, 유럽
- **소재도시** : Madison, Wisconsin
- **학교종류** : 사설
- **시험코스** : TOEFL, 준비반
- **학교주요시설** : 시청각 자료실, 컴퓨터실, 학생 라운지
- **인증** : ACCET, CEA, EAB
- **팩스번호** : 1 -608-257-4346
- **설립년도** : 1981년
- **운영레벨** : 8단계
- **한국학생비율** : 30% 미만

02 상세정보

⊙ 학교소개

Wisconsin English Second Language Institute (WESLI)는 위스컨신州의 인구 약 20만 명의 중소 도시인 매디슨(Madison)에 위치한 사설학교. National Association of Foreign Student Advisors(NAFSA), Teachers of English as a Second or Other Language(TESOL), American Association of Intensive English Programs(AAIEP)의 멤버로, 프로그램이 아주 우수하다. 1981년에 미시건 대학 언어학 박사학위 출신인 Gail & Jeff Dreyfuss가 설립하였고, 현재는 비약적인 발전을 이루어 세션당 200명 이상의 학생과 30명 이상의 교사들이 포진되어 있다.

매디슨은 메이저 'Big Ten' 대학이 있는 교육 도시이고, 친절하고 안전한 살기 좋은 곳으로 선정(1996,1998년) 되기도 하였다. 이 학교 입학생 대부분은 중서부의 4대 도시 밀워키, 시카고, 미네아폴리스, 디트로이트 지역에서 매디슨으로 온다. 자동차로 시카고에서는 북서쪽으로 2시간 반, 밀워키에서는 서쪽으로 1시간 거리에 있다.

⊙ 학교특징

WESLI의 교사진들은 미국 또는 해외에서의 오랜 경험이 있는 친절하고 따뜻한 사람들이다. 영어나 언어학 및 관련 학문에서 석사학위 이상의 소지자로 한 가지 이상의 제2외국어를 구사한다. 고품질의 수업을 위해 한 학급 평균 8명에서 최대 12명이 넘지 않는다.

메디슨에서 규모가 큰 사설 어학원으로 이 학교를 어드밴스로 이수하는 경우 위스콘신주의 주립대학에 토플 점수 없이 입학 허가를 받을 수 있는 좋은 기회가 제공된다. 그러므로 미국 내 대학, 대학원 입학을 원하거나, 직업상 영어 능력향상이 필요한 사람, 혹은 스스로 영어공부를 하고자 하는 외국인 학생들을 위해 세분화된 강의와 저렴한 학비 및 물가가 장점이며 8단계의 체계적인 교육 프로그램을 제공하고 있다.

14

Los Angeles 명문 어학연수 학교
ELC(English Language Center)

01 학교정보

- **주소** : 10850 Wilshire Blvd. Suite 210, Los Angeles, California 90024 USA
- **전화번호** : 1-310-470-3019
- **팩스번호** : 1-310-470-6733
- **홈페이지** : http://www.elcusa.com/
- **설립년도** : 1978년
- **학교위치** : 도시지역
- **운영레벨** : 10단계
- **학급당 학생수** : 8~10명
- **한국학생비율** : 20%
- **평균재학생수** : 100~200명
- **국제학생비율** : 아르헨티나, 브라질, 프랑스, 독일, 이탈리아, 일본, 스페인, 인도네시아
- **소재도시** : Los Angeles, CA
- **학교종류** : 사설
- **시험코스** : TOEFL, TOEIC
- **학교주요시설** : 15개의 현대적인 교실, 컴퓨터실, 학생 휴게실, 학생 카페
- **인증** : ACCET
- **미국 내 ELC 센터현황** : LA , Boston, Santa Babara

* 주요 도시별 ELC 센터의 자세한 정보는 ㈜미국유학닷컴(www.us-uhak.com)홈페이지 참조.
  그 외 800여 개의 미국어학연수 학교 정보 검색가능.

02 상세정보

⊙ 학교소개

1978년 LA 센터를 오픈하여 현재까지 운영되는 LA , Boston, Santa Babara 3개의 센터는 모두 미국을 대표하는 최고의 도시에 위치한다. 모든 센터가 TOEFL, TOEIC 공식시험 지정센터로, IALC , NAFSA , AAIEP 등과 같은 우수한 영어프로그램 협회의 멤버이다. 보스톤 센터는 공항에서 3마일, 다운타운과 하버드 대학에서 불과 1마일 거리이다.

⊙ 학교특징

LA 주변에 있어 시내와는 다른 느낌의 생활을 즐길 수 있고, 안전한 지역이다. 일반 영어과정으로 여러 형태의 프로그램을 접할 수 있다. 한 반의 정원이 8-10명 내외로 소그룹을 이루고 회화 중심의 수업이 진행된다.

영어를 전공한 경험이 있는 우수한 강사진과 일반영어, 시험준비과정 , 영어교사 과정, 장기과정 , 주니어 과정 등 다양한 프로그램이 제공된다. 홈스테이나, 기숙사, 아파트 등의 숙소를 알선하며, 공항마중, 대학진학상담 및 조건부입학, 멀티미디어 라이브러리 등의 서비스도 제공한다. 매 4주마다 class , dtaff , school에 대한 학생의 평가서를 보고 문제점의 확인과 개선을 연구한다. 결과적으로 등록생의 90% 이상이 졸업생의 소개로 ELC를 찾을 만큼 학생들의 만족도가 높다. 특히 한국 학생들의 비율이 적은 것이 장점이다.

15

Miami 명문 어학연수 학교

Rennert – Miami

01 학교정보

- **주소 :** AT ST THOMAS UNIVERSITY 16401 NW37 AVENUE MIAMI FL33054, USA
- **전화번호 :** 1-305-622-7300
- **팩스번호 :** 1-305-622-7010
- **홈페이지 :** http://www.rennert.com
- **설립년도 :** 1973년
- **학교위치 :** 중소도시 지역
- **운영레벨 :** 10단계
- **학급당 학생수 :** 7-10명
- **한국학생비율 :** 20% 미만
- **평균재학생수 :** 평균 200~300명
- **국제학생비율 :** 브라질, 프랑스, 독일, 이탈리아, 일본, 한국, 러시아, 스위스, 대만
- **소재도시 :** MIAMI - FL
- **학교종류 :** 사설학교
- **시험코스 :** TOEFL, TOEIC
- **학교주요시설 :** 컴퓨터실, 학생 휴게실, 2 Multi-modal center, Refreshment center, 이메일, 무료사용 도서관, Video 방, Media Lab, Lounge
- **인증 :** ACCET
- **미국 내 Rennert 센터 현황 :** 뉴욕, 마이애미

* 주요 도시별 Rennert 센터의 자세한 정보는 ㈜미국유학닷컴(www.us-uhak.com)홈페이지 참조. 그 외 800여 개의 미국어학연수 학교 정보 검색가능.

02 상세정보

⊙ 학교소개

Rennert 마이에미는 노스 마이애미에 위치한 St. Thomas University 안에 위치한다. 뉴욕 최고의 고급 학교인 레너트의 명성과 시스템을 답습하여, 뉴욕 학교로의 이동도 자유롭다. 학교는 시 외곽의 마이애미에서 약 50분 정도 떨어져 한적하며, 미국에서 가장 인기 있는 관광지를 즐길 수 있는 기회가 동시에 제공된다.

Rennert의 미디어 센터에서 학생들은 최첨단의 시청각 시설을 이용하여 문법연습과 발음, 토플이나 토익시험 준비를 할 수도 있다. 일반영어, 비즈니스영어 및 4시간의 영어수업과 댄스 수업에 참가할 수 있는 댄스 + 영어 프로그램 , 주니어 인턴십 프로그램, 토플준비반, 토익준비반, 개인교습 등 다양한 프로그램을 제공한다.

⊙ 학교특징

학교는 소규모로 운영되며, 한 반도 매우 적은 인원 구성으로 처음 영어를 공부하는 학생에게 적합하다. 기숙사에 들어가기 힘든 대부분의 대학 부설과는 달리 기숙사를 제공하므로 한적하게 공부를 하고자 하는 사람들에게 아주 좋다. 일부 고급반 학생에게는 프로그램이 다양하지 않으므로 뉴욕 센터로의 이동을 고려해보는 것이 효율적일 수 있다.

16

Hawaii 명문 어학연수 학교
Global Village – Hawaii

01 학교정보

- **주소** : 1440 Kapiolani Blvd, Suite 1100 Honolulu – Hawaii 96814 USA
- **전화번호** : 1 808 943 6800
- **팩스번호** : 1 808 943 6400
- **홈페이지** : http://www.gvenglish.com/
- **설립년도** : 1965년
- **학교위치** : 와이키키 해변 근처
- **운영레벨** : 8단계
- **학급당 학생수** : 8~15명
- **한국학생비율** : 10% 미만
- **평균재학생수** : 100~200명
- **국제학생비율** : 한국, 유럽, 일본, 대만
- **소재도시** : 호놀룰루
- **학교종류** : 사설
- **시험코스** : TOEFL준비반, 토익준비반, 캠브리지시험 준비반
- **학교주요시설** : 완벽한 냉난방이 설비된 강의실 14개, 컴퓨터 시설이 완비된 멀티미디어실(무료 인터넷), 노트북 이용자를 위한 무선 네트워크, 학생라운지(DVD 시설 갖춤), 자판기(커피, 차 무료), 비디오/오디오실
- **인증** : ACCET, AAIEP

02 상세정보

◉ 학교소개

Global Village(GV)는 3개국(캐나다, 호주, 미국)의 8개의 센터를 가진 다국적 영어교육기관으로 특별과외활동, 숙박서비스와 함께 유학생들에게 다양한 종류의 영어과정을 제공한다. GV 하와이 센터는 하와이주 호놀룰루의 와이키키 해변과 아주 가까운 거리에 있고, 최신식 교육시설을 갖추고 있어, 다양하고 특별한 교육을 통해 학생들의 영어실력 향상이 보장된다. 학교 근처의 ALa Moana 쇼핑센터, 해변과 산의 경치를 파노라마로 볼 수 있고, 학생들이 공부와 휴식 공간, 친구들과 대화할 수 있는 장소도 제공된다. 학교는 호놀룰루 안에서 가장 좋은 식당가와 쇼핑, 엔터테인먼트 시설이 있는 곳에 있다. 공항은 차로 20분 정도의 거리에 있다.

◉ 학교특징

학교가 해변가에 위치하고, Ocean Drive가 걸어서도 갈 수 있고, 현대적인 학습 환경과 우수한 아카데믹의 명성이 자자하다. English for Business 과정과 English plus IT 과정이 제공된다. 360° 토탈 케어 서비스로 도착한 날부터 매일 영어 향상 진단 및 담당교사와의 인터뷰를 통해 철저히 관리되며, 영어교수법을 이수하고 외국인 학생을 가르친 경험을 겸비한 최고 수준의 정예 교사진과 함께 영어 Only 정책으로 학교 내에서는 영어만 쓰도록 하여 영어실력이 빨리 향상된다. 최신식 컴퓨터와 고속 유/무선 인터넷시설이 갖추어져 영어학습효과를 배가시킬 뿐만 아니라 코앞의 와이키키 해변처럼 자유로운 조건을 갖추고, 한국인 비율이 적어 공부하기에 좋은 환경이다.

성공어학연수가이드

미국 맞짱뜨기!!

1판 1쇄 인쇄\2008년 6월 20일	1판 1쇄 발행\2008년 6월 25일
우편번호\143-849	주　　소\서울 광진구 능동 253-21
저　　자\이 재 혁	전화번호\(02)447-3157~8
발 행 인\이 미 옥	팩스번호\(02)447-3159
정　　가\12,000원	등록번호\220-90-18139
발 행 처\아이생각	등 록 일\1999년 9월 3일

저자합의
인지생략

Copyright ⓒ 2008 ithinkbook Publishing Co.,Ltd

ISBN\978-89-956910-5-2

D-08-01